W0064140

Zu diesem Buch

Die moderne Psychologie hat neu entdeckt, was die alten Schamanen schon seit Urzeiten praktizieren: Phantasiereisen – den Weg in die Tiefen der eigenen Seele. Nicki Scully hat aus dem Wissen der Schamanen ein ungemein praktisches Buch gemacht. Sie hat für die verschiedensten Ziele genau die passende Phantasiereise entwickelt: So liefert sie Reisen zur Öffnung des Herzens, zur Heilung von seelischen Verletzungen, zur Lösung von persönlichen Problemen, zur Erweckung der eigenen Energie, Reisen zum inneren Führer und viele andere. Wer sich auf diese Abenteuer einläßt, wird tiefgreifende Erfahrungen machen, sich neue Horizonte eröffnen und bisher ungenutzte Fähigkeiten entwickeln.

Nicki Scully wurde 1943 in New York geboren und erlebte die spätsechziger Jahre in Kalifornien, wo sie den Manager der Gruppe «Grateful Dead», Rock Scully, heiratete. Sie trennten sich 1981. Wichtig war der Einfluß von Musik-Energie und psychedelischen Erlebnissen. 1969 wurde sie in schamanistisches Heilen eingeweiht. Seitdem gilt Nicki Scullys Interesse nicht nur dem Wissen der American Native Healer, sondern auch dem anderer Kulturen, besonders der ägyptischen. Heute lebt sie in Eugene, Oregon, und gibt weltweit Seminare in Energiearbeit und Phantasiereisen mit Thot.

Angela Werneke ist Designerin und Illustratorin, die in ihrer Arbeit die Möglichkeit zur Heilung der Erde sieht. Sie ist Art Director beim Verlag Bear & Company und lebt mit Hund und Katzen im Norden von New Mexico. Von ihr stammen die Illustrationen in diesem Buch.

Nicki Scully

DER GOLDENE KESSEL

**Schamanische Reisen
auf dem Pfad der Weisheit**

Mit Illustrationen von Angela C. Werneke
und einem Vorwort von Rowena Pattee Kryder

Deutsch von Matthias Schossig

transformation

rororo transformation
Herausgegeben von Bernd Jost

Umschlaggestaltung Walter Hellmann
(Ibis, das heilige Tier des Gottes der Weisheit Thot, und die
Göttin der Wahrheit und Gerechtigkeit Maat.
Bronze und vergoldetes Holz aus Tuna el Gebel, 26. Dynastie,
6. Jh. v. Chr. Hannover, Kestner-Museum)

Deutsche Erstausgabe
Veröffentlicht im Rowohlt Taschenbuch Verlag GmbH,
Reinbek bei Hamburg, Dezember 1995
Copyright der deutschen Ausgabe
© 1995 by Rowohlt Taschenbuch Verlag GmbH,
Reinbek bei Hamburg
Die Originalausgabe erschien unter dem Titel
«The Golden Cauldron –
shamanic journeys on the path of wisdom»
Text copyright © 1991 by Nicki Scully
Illustrations copyright © 1991 by Angela C. Werneke
Bear & Company, Inc., Santa Fe, NM 87504-2860
Satz Goudy Old Style (Linotronic 500)
Gesamtherstellung Clausen & Bosse, Leck
Printed in Germany
1690-ISBN 3 499 19935 1

Zur Heilung von Mutter Erde
und allen, die mir nahestehen

AN DEN LESER

In diesem Buch sind Anregungen enthalten, die zu
spontanen Heilungen führen können. Die Übungen
sind jedoch nicht dazu gedacht, Empfehlungen zur
Behandlung bestimmter Krankheiten zu geben, weder
zur körperlichen noch zur emotionalen Therapie. In
diesem Buch wird lediglich eine Vielzahl alternativer
Möglichkeiten vorgestellt, die konventionelle,
anerkannte Diagnose- und Behandlungsmaßnahmen
ergänzen, aber nicht ersetzen sollen. Wir empfehlen
dem Leser, bei seinen Reisen Vorsicht walten zu
lassen, denn wie jede tiefgehende Erkundung der
Psyche können auch die Phantasiereisen dieses
Buches zu starken emotionalen Erlebnissen führen.

Nicki Scully

INHALT

SIEBENTER TEIL
Reisen zum Danken und Feiern 233

NACHWORT

DANKSAGUNGEN

Ich danke all jenen, durch deren Begeisterung und Aufmerksamkeit diese Reisen entstanden sind. Die meisten beruhen auf Beobachtungen von Schülern und Freunden, die geistesgegenwärtig genug waren, um Botschaften der Totems zu erkennen und zu vermitteln. Jede der folgenden Reisen hat ihre eigene Geschichte und fand auf ihre besondere Weise den Weg in den goldenen Kessel.

Mein besonderer Dank gilt Brian O'Dea, dessen hellsichtige Begabung die Gegenwart Thots in meiner Nähe wahrnahm und der mich in die Geheimnisse des Kessels einweihte.

Ich bin dankbar für die nicht nachlassende Unterstützung und die immer neuen Einblicke vieler meiner Schüler, die in Wirklichkeit meine Lehrer sind. Die im folgenden vorgestellten Reisen wurden durchgegeben, inspiriert oder recherchiert von Brian O'Dea, David Groode, Lee Lightening, Cordell Whitaker, Stephanie Griffis, Naomi Douglas, Jennifer Cox, Gloria Meiner, Gwendoyn Endicott, Rhea Weinhaus, Roma Mortensen, Penny Stensen, Laurie Drogue, Christine Tice, Christine Payne-Towler, Rose, Sergeant, Lisa Dutton, Renee Hendrick-Hardell, Camille Cole, Melissa Goodman, Paul Kervick, Cathy Hill, Kelly Hunter, Karen Creighton, Marilyn Cox, Lorindra Moonstar und Gail Shillingday Cook. Ich bitte bei allen um Nachsicht, deren Namen ich hier nicht aufgeführt habe, weil einige meiner Aufzeichnungen verlorengegangen sind.

Ich danke Angela Werneke für den Segen, den sie diesem Buch durch ihre inspirierten Illustrationen gewährt hat.

Ohne die Anerkennung, Ermutigung und Unterstützung, die ich von meinen Lektoren Barbara Hand Clow und Gerry Clow erhielt, wäre dieses Buch gar nicht fertig geworden. Euch beiden gilt mein Dank, wie auch Barbara Doern Drew und der gesamten Belegschaft von Bear & Company, die gemeinsam eine große Hilfe und Unterstützung waren.

Ich danke Leslie und Richard Buxton dafür, daß sie mir ihr Haus und ihre gesamte Infrastruktur zur Verfügung gestellt haben, um mir zu helfen, das ursprüngliche Manuskript fertigzustellen. Bambi Merryweather sowie mein Vater, Maxwell Rudolph, verdienen einen besonderen Dank, denn ihre Großzügigkeit erlaubte mir, das endgültige Manuskript fertigzustellen.

Bob Chambers, Gay Luce, Rowena Pattee Kryder, Oh Shinnah, Christine Tice, Marti Dorsey und andere, die das Manuskript gelesen und wertvolle Korrekturvorschläge gegeben haben, gilt meine höchste Wertschätzung. Und dir, Rowena, vielen Dank für dein beredtes Vorwort.

Ich danke besonders meinem Mann, Mark Hallert, für die Unterstützung und den Rückhalt, den er mir gewährt. Seine liebevolle Fürsorge erlaubt es mir, mich dieser Arbeit zu widmen.

Ein besonderer Dank geht an meinen Sohn Ben, der mir seinen Computer zur Verfügung stellte.

Allen Tieren und Gottheiten, die ihren Teil zu dieser Arbeit beigetragen haben, und insbesondere jenem höchst erfindungsreichen Geist der Schöpfung, Thot, schenke ich meine Dankbarkeit.

VORWORT

Der goldene Kessel ist nicht nur ein Werkzeug zur Heilung, sondern ein Durchgang zu jener göttlichen Urerfahrung, die unsere Vergangenheit berührt und die Macht hat, uns in eine gesunde Zukunft zu führen. In diesem Buch wirst du eine Vielzahl geleiteter Phantasiereisen finden, mit deren Hilfe du in die Tiefen deiner Psyche und in die Energie des Universums eintauchen kannst. Dies ist kein Buch zum Lesen, sondern eines zum Gebrauchen. (Ich habe gute Erfahrungen damit gemacht, auf dem Boden zu liegen, während mir jemand die Phantasiereisen vorliest, damit die Psyche sich frei bewegen und ihre Erkundungen anstellen kann.) Dieses Buch kann dir helfen, dir die Kraft zu geben, mehr du selbst zu sein. Durch deine Teilnahme am goldenen Kessel kannst du deine Beziehung zur göttlichen Welt sowie zum Tier-, Pflanzen- und Mineralreich vertiefen. Solche Prozesse sind zutiefst ökologisch.

Der goldene Kessel ist der Schmelztiegel unseres eigenen Körpers, unserer Seele und unseres Geistes, wenn wir tief sowohl mit unserem göttlichen als auch mit unserem natürlichen Selbst verbunden sind. Die Reisen und Vorbereitungen in diesem Buch sind Zeugen des *Geistes in der Natur*. Im abendländischen Denken wird traditionell eine Trennung zwischen Geist und Materie gemacht, wodurch ein innerer Kampf entstanden ist, der dringend der Heilung bedarf. Dieser innere Kampf ist die Wurzel aller unserer äußeren Konflikte, die sich als Kriege zwischen Nationen manifestieren. Die Natur ist unsere Heilung und der Geist unsere Führung. Durch den Kessel haben wir Zugang zur Muse der Inspiration, indem wir ins innere Wesen der Natur selbst geführt werden. Die Götter und Göttinnen, welche gleichzeitig das archetypische Substrat der Natur und unserer Selbst darstellen, sind die Mächte, die den Kessel mit Energie versorgen, zu seiner Wandlungskraft beitragen und unsere Seele heilen.

Während du dich auf die ausführlich angeleiteten Reisen begibst, hast du Gelegenheit, dir jene Archetypen zu Verbündeten zu machen, die, obwohl sie weit jenseits von Raum und Zeit stehen, unser tägliches Leben beeinflussen. Der goldene Kessel hilft uns, mit uns selbst in Verbindung zu kommen, durch den alchemistischen Prozeß, der unser schöpferisches Potential mit jenen Bestandteilen unseres Wesens verbinden, die seit Urzeiten in uns schlummern und in den Geistern der Natur verwurzelt sind. Die göttliche Schöpfungskraft steht immer am Anfang, denn sie erschafft alles, was in der Schöpfung ist, immer wieder aufs neue. Wenn du in die Tiefen des Kessels hinabsteigst, wirst du mit einer Vielzahl neuer Verbündeter wieder auftauchen, die dir helfen können, dein Leben in Harmonie mit der Natur und deinem göttlichen Ursprung neu zu erschaffen.

Rowena Pattee Kryder, Ph. D.
Mount Shasta, California
Januar 1991

Rowena Pattee Kryder ist die Autorin des Gaia-Matrix-Orakels und die Begründerin des Creative Harmonics Institute in Shasta, Kalifornien.

EINLEITUNG

Dieses Buch ist die Erfüllung eines Versprechens, das ich einst gab, um neue Heilmethoden zu finden und den Menschen zu vermitteln. Das Versprechen schlich sich gewissermaßen in mein Leben ein, als ich Anfang der siebziger Jahre mit einer guten Freundin, Oh Shinnah, die gleichzeitig eine meiner ersten Lehrerinnen war, auf dem Gipfel eines Berges ein Gebetsritual vollführte. Ich spürte die Kraft und die Macht des Rituals und war sehr von ihren Gebeten beeindruckt. Bei dem Versuch, ebenso beredt zu klingen wie Oh Shinnah, merkte ich, daß ich nicht viel mehr tat, als ihr wie ein Papagei nachzuplappern, als ich jenes Versprechen von mir gab, das mein Leben in den Dienst an der Heilung unserer Mutter Erde stellte.

Dieser Moment bildete einen Wendepunkt in meinem Leben. Aufgrund der Kraft dieses Versprechens, das während des Rituals einen unauslöschlichen Eindruck auf mein Unterbewußtsein hinterlassen hatte, begann ich, Werkzeuge zu sammeln, um meiner Absichtsbekundung gerecht zu werden. Schon bald fand ich heraus, daß ich alle meine Talente auf die eine oder andere Weise verlieren würde, wenn ich sie nicht nutzte. Schritt für Schritt lernte ich, zu allen spirituellen Toren, die sich vor mir öffneten, ja zu sagen. Ich befand mich auf einem kontinuierlichen Pfad der Wiederkehr eines Bewußtseins, das schon vor langer Zeit auf den verschlungenen Pfaden der Geschichte verlorengegangen war.

Entwurzelt und verpflanzt, haben viele Menschen die Verbindung zu allen Wurzeln ihrer Tradition verloren. Wir müssen den Rückweg in die Zukunft unserer Träume und den Zauber unserer Vergangenheit erst noch finden. Wir stellen das Rad des Lebens wieder her, indem wir das Alte mit dem Neuen und mit allem, was es noch zu entdecken gibt, zu einem bunten Teppich verweben, der unsere gemeinsamen Träume und Visionen wiedergibt.

Es gibt keine Frage mehr über die Dringlichkeit unserer Situation hier auf dem Planeten Erde. Jeder Kontinent hat sein gerüttelt Maß an Leiden zu ertragen. An vielen Orten der Erde toben schreckliche Kriege: politische Kriege, Religionskriege, Drogenkriege und nicht zuletzt der alltägliche Krieg, der sich auf den Straßen unserer Großstädte abspielt. Epidemien gehen um: Geschlechtskrankheiten, Umweltschäden, Psychosen und streßbedingte emotionale Probleme grassieren unter den Menschen und schwächen das kollektive Immunsystem. Die natürlichen Lebensgrundlagen werden von einer Menschheit geplündert, die sich durch die Rhetorik jener ewig Gierigen hypnotisieren läßt, welche, von ihren eigenen kurzsichtigen Machtgelüsten geblendet, die Welt regieren. Die Luft, die wir atmen, ist im wahrsten Sinne des Wortes zu einem unersetzlichen Rohstoff geworden, während sich Holz-, Papier- und Fleischfabrikanten im Verein mit kurzsichtigen Politikern fortwährend an unberührten Landschaften und tropischen Regenwäldern in aller Welt vergehen. Zehntausende Arten im Tier- und Pflanzenreich sind bereits durch menschliche Übergriffe ausgerottet worden, und Tausende weitere sind mittlerweile vom Aussterben bedroht. Doch jede Art ist ein wichtiges Glied im permanenten Spiel des Lebens. Wertvolle Heilmittel, die noch ihrer Entdeckung harren, verschwinden von der Erdoberfläche angesichts des Ansturms unserer irregeleiteten Zivilisation auf unsere Lebensgrundlagen.

Doch wir können aus unseren Fehlern und Krankheiten lernen. Sie versehen uns mit der Notwendigkeit und Motivation zum Wandel. Erst durch Druck wird die Kohle zum Diamanten. Auf ähnliche Weise führt der Umgang mit Druck in unserem persönlichen Leben zur Meisterschaft über uns selbst und die Umstände, die wir hervorgerufen haben. Wir haben die Wahl. Als Wesen, die imstande sind, Probleme zu lösen, können wir unsere kollektiven Krankheiten als Gelegenheit betrachten, die Lektionen, die sie uns zu bieten haben, zu lernen, die notwendigen Veränderungen in Angriff zu nehmen und unseren Untergang zu vermeiden. Was wir in unserer mikrokosmischen Realität, unserem persönlichen Leben, anfangen, spiegelt sich in unseren Familien, in unserer Gesellschaft und letztlich in der Welt wider.

Wenn wir erst einmal jene fatalistische Opfermentalität überwunden haben, die uns in unserer Misere gefangenhält, können wir uns der gewaltigen Herausforderung stellen, die höchste Lebensqualität zu erzeugen, die wir mit Hilfe unserer angeborenen Erfindungsgabe erreichen können. Der erste Schritt besteht darin zu erkennen, wie groß unser Problem eigentlich ist. Viel Energie geht allein dadurch verloren, daß viele Menschen so sehr mit ihrem alltäglichen Überlebenskampf beschäftigt sind, daß sie überhaupt nicht merken, welch direkter Zusammenhang zwischen persönlichem Überleben und der Erhaltung des Planeten besteht.

Sobald wir die planetarische Problematik als persönliche Herausforderung begreifen, machen wir den nächsten Schritt: Wir lassen uns in die Pflicht nehmen. Was kann der einzelne angesichts der ungeheuerlichen Auswirkungen unserer allgegenwärtigen Misere tun? Wir werden erzogen in dem Glauben, daß wir machtlos sind, daß es immer irgend jemanden gibt, der mehr weiß und mehr kann als wir. Die meisten Menschen bekommen niemals gesagt, daß sie in sich selbst die Antworten finden können, daß sie ungeahnte Möglichkeiten der Wahrnehmung besitzen, die sie, vorausgesetzt sie nutzen und entwickeln sie, der Wahrheit näherbringen können. Man hat uns beigebracht, unsere Gefühle und Emotionen zu verneinen, unsere Instinkte zu ignorieren, unsere Intuition zu blockieren und unsere Phantasie als etwas zu sehen, das am besten versteckt oder ganz abgestellt wird. Der Vorwurf: «Das bildest du dir ja nur ein», ist seit vielen Generationen ein verbreitetes elterliches Instrument, um die Phantasie ihrer Kinder zu unterdrücken.

Wir haben unsere Zukunft in der Hand. Ob wir sie bewußt gestalten, liegt an uns. Wir können immer noch wie Schlafwandler in eine ungewisse Zukunft tapsen und die Einflüsse, denen wir unterliegen, ignorieren. Die meisten Menschen halten an dem Glauben fest, daß sie Opfer ihrer Lebensumstände sind. Nur indem wir unsere Perspektive erweitern, können wir die Beziehungen zu sehen beginnen und die Einheit von Denken und Handeln, von Traum und Wirklichkeit, von Ursache und Wirkung erkennen.

Während sich unser Bewußtsein erweitert, werden auch die verborgeneren Beziehungen sichtbar, und wir bekommen ein Gespür für Synchronizität. Wenn wir lernen, auf die synchronen Ereignisse in unserem Leben zu achten, kommen wir auf eine völlig neue Bewußtseinsebene, durchdrungen vom Versprechen des Zauberhaften und vom Rätselhaften. Jeder bedeutende Wandel, jeder Entwicklungsschub kann durch ein Freudenfest des Überganges in ein neues Bewußtsein markiert sein.

In genau dieses Reich des Zauberhaften und des Rätselhaften möchte ich die Leser dieses Buches entführen. Wir beginnen damit, uns selbst in die Pflicht zu nehmen, und sehen, wie jeder einzelne mit seiner Verantwortung für sein eigenes Leben umgeht. Wir werden die Möglichkeiten ausloten, die uns zur Verfügung stehen, die eigene Kraft zurückzugewinnen. Während wir einen Schleier nach dem anderen lüften auf dem Weg aus der gewöhnlichen Welt in die Welt des Geistes, beeinflussen und verändern wir gleichzeitig unsere physische Existenz durch das Zusammenspiel mit der Ebene des Geistes. Für jeden, der sich in seinem Leben ernsthaft in die Magie des goldenen Kessels vertiefen will, werden die Reisen dieses Buches Initiationsrituale in eine neue Lebensart sein.

ERSTER TEIL

Vorbereitung und Initiation

*Bevor du dich auf die innere Reise begibst, solltest du
unbedingt diese Kapitel lesen. Sie bilden die Basis für
deine Reisetätigkeit und enthalten Anleitungen für
erfüllende und freudige Erkundungsreisen durch die
inneren Landschaften deines goldenen Kessels*

DER GOLDENE KESSEL

Der goldene Kessel ist ein uraltes Symbol für den Mutterleib des Kosmos, die Quelle des Lebens und der Weisheit, das in Geschichte und Mythologie eine große Rolle spielt. In vielen verschiedenen Kulturen war der goldene Kessel der Inbegriff der Beständigkeit: Er ist das schäumende, kochende Gefäß, in das alles Leben zurückkehrt, wieder neu aufgemischt wird und in immer wiederkehrenden Zyklen neu erschaffen wird.

Der Kessel, mit dem wir in diesem Buch arbeiten, ist golden, in erster Linie wegen der besonderen Eigenschaften des Goldes. Gold ist die reinste aller Substanzen und kann durch nichts getrübt werden. Es wird mit der Sonne in Verbindung gebracht als physische Verkörperung dessen, was die Menschen zu allen Zeiten als die lebensspendende Kraft der Schöpfung verehrt haben. Gold ist in diesem Sinne auch ein Symbol des Dienens.

Die am weitesten verbreiteten Mythen über den goldenen Kessel stammen aus heidnischer Vorzeit, aus Kulturen, in denen die göttliche Mutter als Quelle des natürlichen Reichtums und der Heilung im Mittelpunkt stand. Die alte Frau, welche den Kessel bewacht, galt in vorgeschichtlicher Zeit als verehrte Heilerin, Seherin, Mystikerin und Weise Frau, welche sich auf den Gebrauch von Kräutern verstand und in Harmonie mit der Natur lebte.

Das Bild der Weisen Frau wurde jedoch leider in der modernen westlichen Kultur zu einer bösartigen Hexe verkehrt. Schuld daran ist der einseitige, patriarchale Kirchenstaat des Mittelalters, dessen Vertreter die Weisheit und Macht der Weisen Frauen usurpierten. Das Ergebnis ist das armselige Bild, das heute von der Hexe an ihrem Kessel übriggeblieben ist: die vornübergebeugte Gestalt in schwarzem Gewand, eine Warze am Kinn, und die bucklige schwarze Katze mit gesträubtem Schwanzhaar, die auf dem Zaun entlangschleicht, während die Alte in dem brodelnden Kessel rührt.

Diese Degeneration des Bildes hat sowohl die Stellung der Weisen Frau vernichtet als auch die wahre Quelle und Magie der Natur verschüttet. Die Gralssuche kann auch als Suche nach dem verlorenen Kessel gesehen werden, denn Gnade und Reichtum gingen verloren, als der Kreis zerbrach und die Priesterinnen auf den Scheiterhaufen der Inquisition verbrannten.

Das Symbol des Kessels taucht in verschiedenen Kulturen in den unterschiedlichsten Zusammenhängen auf. In China kennt man ihn als «Tiegel». Im Buch der Wandlungen oder I-Ging ist das Hexagramm 50: «Der Tiegel», ein Symbol, das den Gedanken an Nahrung und Nahrungszubereitung nahelegt. (Siehe: *I Ging – Das Buch der Wandlungen*, herausgegeben von Richard Wilhelm, Köln 1986, Seite 568).

> Nichts gestaltet die Dinge so sehr um wie der Tiegel... Die Umgestaltungen des Tiegels sind einerseits die Veränderungen, die mit den Speisen durch das Kochen vor sich gehen, andererseits in übertragenem Sinn die umwälzenden Wirkungen, die von der Zusammenarbeit eines Fürsten und eines Weisen ausgehen... Der Tiegel bedeutet das Aufnehmen des Neuen.

David W. Patten berichtet in dem unveröffentlichten Manuskript von *The Secrets of the Alphabet, an Alphabet of Ancient Celtic Wisdom* (Die Geheimnisse des Alphabets, ein altes keltisches Weisheitsalphabet), daß der keltische Kessel von Cerridwin, der Mutter der Schöpfung, symbolisch ein Kraut für jeden Tag des Jahres enthielt. Wer von seinem Inhalt trank, besaß alles Wissen.

Ägyptische, hinduistische und nordische Mythologien enthalten das Bild des Kessels als Symbol der weiblichen Macht zur Erschaffung des Kosmos. In Ägypten wird Osiris mit einem himmlischen Kelch in Verbindung gebracht, der niemals leer wird, und die Göttin Nephthys, die Schwester von Isis, trägt ebenfalls ein kesselartiges Gefäß auf dem Kopf. Der nordische Gott Odin trank, als Schlange verkleidet, von dem Blut der Weisheit aus den Kesseln des Leibes der Großen Mutter, um seine Macht zu erhalten.

Auch Kali, die Hindugöttin, hat etwas mit dem goldenen Kessel zu tun. Ein Gott, diesmal war es Indra, stahl ihre Macht, indem er das Elixier, das ihr vermeintlich die Macht der Verwandlung ihrer Gestalt verliehen hatte, aus ihrem Kessel trank. Auch Indra verwandelte sich, ebenso wie Odin, in einen Vogel, um das Blut zu den anderen Göttern seines Pantheon zu bringen. (Siehe: *Women's Encyclopedia of Myths and Secrets* [Das geheime Wissen der Frauen], by Barbara Walker, San Francisco 1983, Seite 150)

Der heiligste Gegenstand der nordamerikanischen Indianervölker ist die heilige Pfeife. Der Stiel der Pfeife repräsentiert die männliche, schöpferische, zeugende Kraft, die das Gebet überträgt, während der Pfeifenkopf das weibliche, empfangende Gefäß der Erde darstellt. In diesem Gefäß, ebenfalls einer Art Kessel, vollzieht sich die Alchemie der Pfeifenzeremonie, die Verwandlung der Kräuter oder des Tabaks in Rauch, der die Gebete in die vier Himmelsrichtungen trägt. Wenn Stiel und Kopf verbunden sind, sind alle Dinge im Universum verbunden und funktionieren im Gleichgewicht.

Viele schamanistische Kulturen, insbesondere aus Zentralasien und Sibirien, definieren den Kessel als das Gefäß, in dem der zerstückelte Körper des Eingeweihten gekocht wird, um später wieder zusammengesetzt zu werden. Schamanen sind Menschen, die den Tod durch Krankheiten, Träume oder Visionen gemeistert haben und so zu einem erlebten Verständnis ihrer eigenen Unsterblichkeit gelangt sind. Historisch gesehen, ist es die Funktion des Schamanen, Fürsprache bei den Göttern einzulegen, um in der physischen Welt Veränderungen zu bewirken, wie etwa eine Heilung oder eine Wetterveränderung, die ihrer Gesellschaft zunutze kommen. Dieses Buch soll kein Schnellkursus im Schamanismus sein, denn der Weg, ein wahrer Schamane zu werden, ist lang und beschwerlich. Statt dessen wollen wir den bewußten Gebrauch schamanistischer Techniken anregen, die wirkungsvoll zum persönlichen Wachstum und zur Entwicklung des Menschen beitragen können.

Der Kessel als psychischer Prozeß bietet eine Orientierung für Reisende in der geistigen Welt. Unser Körper bietet dem Geist eine Wohnstatt, einen Ort, an dem göttliche Wesenheiten in der Stille unserer Suche nach Verständnis des großen Rätsels des Lebens wirksam werden und zu uns sprechen können. Unsere Aufmerksamkeit für diese Wesen – Gottheiten, Archetypen und Totems – hilft uns im Zusammenspiel mit ihnen und ermöglicht ihnen, auf unsere physische Realität Einfluß zu nehmen.

Als ich in den Kessel als Weg, der entwickelt werden sollte, um meine Arbeit zu verwirklichen, eingeweiht wurde, verstand ich noch nicht die Verbindung zwischen Ägypten, dem Land, das im Mittelpunkt meiner persönlichen Studien und Reisen steht, und dem symbolischen Kessel, den ich in erster Linie mit Traditionen weiblicher Gottheiten in Verbindung brachte. Das war im Juni 1986, nachdem ich den ganzen Tag mit einigen Schülern gearbeitet, mit ihnen Alchemie und fortgeschrittene Heilweisen praktiziert hatte.

Wir machten am Ende des Tages eine Pause und saßen in meinem Eßzimmer am Tisch. Ich machte gerade eine Bemerkung über die Probleme, die ich dabei hatte, meine Familie ausschließlich durch meine Lehrtätigkeit zu ernähren, als Thot, der ägyptische Gott der Weisheit, in seiner Gestalt – halb Mensch halb Ibis – erschien und fragte, ob ich gern noch mehr Arbeit hätte. Durch meinen guten Freund, Schüler und Lehrer Brian O'Dea als Vermittler gab mir Thot die Kessel-Initiation in der gleichen Art, wie sie hier im Buch in der Kessel-Alchemie und der Reise mit dem Geier und der alten Frau beschrieben wird.

Die lebensspendenden Wasser des Kessels begannen fast augenblicklich sich zu regen und eröffneten einen reichhaltigen Strom vielversprechender Möglichkeiten, während Gottheiten und Tiertotems erschienen, um Substanzen und Gewürze in das kräftige Gebräu zu streuen, das im Kessel brodelte. Die ersten Reisen werden ungefähr in derselben Reihenfolge in diesem Buch vorgestellt, wie sie zu mir kamen.

Im Laufe der Arbeit begann ich zu spüren, wenn neue und andere Totems eine Unterweisung über ihre besonderen Eigenschaften in den Kessel einbringen wollten. Häufig schickte ein Totem oder eine Gottheit, die nichts mit der gerade stattfindenden Arbeit zu tun hatten, eine Botschaft durch einen Schüler oder hinterließ einen so starken Eindruck bei ihm, daß er sich gezwungen fühlte, diese Erscheinung zu erwähnen. Gelegentlich wendeten wir uns noch während der Sitzung (meistens jedoch später zu Hause, wenn ich am Computer saß oder am Telefon) an Thot und baten um Erlaubnis, den neuen Verbündeten zu besuchen. Dieser schilderte uns dann die jeweilige Reise und gab uns die nötigen Hintergrundinformationen, um sie in die sich kontinuierlich entwickelnde Lehre des Kessels zu integrieren. Der Verbündete führte uns durch die Erfahrung, damit wir alle Einzelheiten, die er dazu beitragen wollte, kennenlernen konnten. Dieses Buch ist unsere erste Gelegenheit, eine Sammlung dieser Reisen vorzustellen, wobei nur ein Teil des zur Verfügung stehenden Materials veröffentlicht wird.

Ich hoffe, du wirst dich großzügig von dem Zaubertrank unseres Kessels bedienen und dadurch seine unendliche Quelle und sein Wesen kennenlernen, denn je mehr du aus diesem niemlas versiegenden Brunnen der Weisheit trinkst, desto mehr geistige Nahrung wird dir zur Verfügung stehen. Je stärker deine persönliche Beziehung zu Thot und anderen Verbündeten ist, desto leichter wird es für dich werden, auf eigene Faust deine Erkundungen anzustellen. Denn die Erkundung des Kessels ermöglicht dir einen tiefen Einblick in den Spiegel deines eigenen Bewußtseins.

GÖTTINNEN, TOTEMS UND ARCHETYPEN

Wir befinden uns in einem Wandlungsprozeß, in dem sich unsere lineare Weltsicht zu einer holographischen Vision verwandelt, in dem jeder kleinste Bestandteil das Ganze enthält. Durch unsere Naturbeobachtung lernen wir uns selbst und unsere Beziehung zu der wundervollen Schöpfung kennen, von der wir ein Teil sind. Wie außen, so auch innen: Die blühenden Landschaften der Natur spiegeln sich in dem tiefen Brunnen unserer Selbsterkenntnis, unserem inneren Kessel.

Uns ganz zu verstehen heißt, unsere Beziehung zu den überreichen Lebensformen der uns umgebenden Natur zu begreifen. Die Menschen neigen dazu, sich selbst für etwas Besseres zu halten und der Natur ihren Stempel aufzudrücken. Wir bilden uns ein, die intelligentesten Lebewesen zu sein. Jedes Bild, das wir uns von einem höchsten Wesen machen, ist nach unserem eigenen Abbild geformt. Dieser enge Horizont behindert uns dabei, unser riesiges Potential kennenzulernen, in den Genuß der Hilfe und des Wissens zu kommen, welches uns in unseren Verwandten im Reich der Pflanzen, Tiere, Mineralien und Geister zur Verfügung steht.

In Ägypten, dem Land, das viele der Reisen in diesem Buch inspiriert hat, ist das Pantheon der Götter größtenteils an das Tierreich angelehnt. Die meisten Gottheiten beziehen sich auf tierische Totems. Tierköpfe sitzen auf Menschenkörpern, Menschenhäupter auf Tierkörpern, und gelegentlich gibt es zusammengesetzte Schöpfungen, die Mischungen aus verwandten Totems sind. Manchmal erkennt man die Totems an den Symbolen, die die Götter auf dem Kopf tragen als Zeichen für bestimmte Funktionen. Die Krokodilreise kam zu uns durch Sobek, den ägyptischen Krokodilgott, und das Nilpferd durch *Tarät* (Taueret), ebenfalls eine ägyptische Göttin. Auch die Kobra hat ihren Ursprung in Ägypten.

Der goldene Kessel ist jedoch nicht auf einen bestimmten Kulturkreis beschränkt: *Kuan Yin* aus dem Orient und *Ganesha*, ein Hindugott, haben ebenfalls ihre Reisen beigetragen. Im goldenen Kessel gibt es weder Zäune noch Mauern, keine Barrieren zwischen Kulturen oder geographischen Bereichen. Alle Kulturen und historischen Bilder sind durch seine Alchemie erreichbar.

Universale Symbole, die in Träumen und Visionen auftauchen, haben ähnliche Bedeutungen, sogar in unterschiedlichen Kulturen. *Götter* verkörpern im Bewußtsein jedes Menschen archetypische Aspekte der Natur. *Archetypen* sind Ausdruck von Grundideen wie Liebe oder Barmherzigkeit. Gottheiten sind die persönlichen und kulturellen Äußerungen der Archetypen. Die Bilder von Gottheiten sind das Vermächtnis unserer Vorfahren, die uns im Pantheon in seinen verschiedenen kulturellen Ausprägungen überliefert und in der reichen Geschichte von Mythen und Legenden katalogisiert wurde.

In unserem hochtechnisierten Zeitalter können wir eine Rückschau in die Vergangenheit unternehmen und uns auf die evolutionären Spuren der Archetypen aus dunkler Vorzeit begeben, durch verschiedene kulturelle Wandlungen und Traditionen, bis hinein in die Gegenwart mit ihrem Reichtum an kultureller Vielfalt. Diese Archetypen, wie zum Beispiel die Große Mutter, sind Ausdruck einer umfassenderen Realität, die in ihren verschiedenen Verkörperungen als *Kuan Yin, Kali* oder *Isis* erscheint. Die griechische Göttin *Hekate* zum Beispiel ist eine kulturelle Variante einer archetypischen alten Frau. Die Erscheinungsformen von Archetypen unterscheiden sich etwas von Kultur zu Kultur, und es liegt an den persönlichen Vorlieben, welche traditionelle Überlieferung für die Reisen, die in diesem Buch präsentiert werden, am passendsten ist. Auch wenn ich einen ägyptischen Gott vorschlage, fühlst du dich möglicherweise mit einem entsprechenden Seelenführer aus einem anderen Bereich wohler, der klarer und deutlicher für dich sichtbar wird.

Gottheiten sind eine Quelle unserer höchsten und erhabensten Eigenschaften. Wir projizieren unsere Gefühle für sie auf das Symbol des Gottes oder der Göttin, indem wir sie verehren oder ihr ein Opfer bringen, und können später, wenn die Notwendigkeit besteht, diese Verbindung wieder aufleben lassen. Kuan Yin zum Beispiel wird seit Jahrtausenden im Orient als Göttin der Barmherzigkeit und des Mitgefühls verehrt. Ihr Name steht für diese Eigenschaften. Wenn wir sie anrufen, zu ihr beten oder mit ihr reisen, bringt Kuan Yin uns gegenüber genau das zum Ausdruck, was sie durch die beständige Verehrung aufgenommen hat. Durch unsere Anerkennung der Gegenwart der Götter in unserer Psyche verleihen wir ihnen ein Eigenleben.

Totems hingegen sind eher weltliche Ausdrucksformen der Eigenschaften oder Merkmale, die von den Gottheiten repräsentiert werden. Überall in der Natur finden wir unsere eigenen Merkmale – einschließlich jener, die wir gern annehmen würden –, von anderen Lebensformen gespiegelt. In vorgeschichtlicher Zeit war eine Sippe häufig mit einem Tiertotem verbunden, der von den Menschen gleichzeitig verehrt wurde und als Modell für das eigene Verhalten diente.

Jeder Mensch hat ein Tier der Macht. Wir können zu vielen Tiertotems eine Beziehung aufbauen. Häufig gibt es eine unterbewußte Verbindung zwischen dir und deinem Tier der Macht, die sich in deiner Vorliebe für diese Tierart äußert, selbst wenn du dir nicht immer des Einflusses bewußt bist, den dieses Tier auf dein Leben ausübt. Wenn du eine bewußte Beziehung zu einem Totem hast, wird er zu deinem Verbündeten. Totems sind mächtige Botschafter, Heiler und Schutzgeister, die allen, die eine solche Beziehung aufbauen und pflegen, von großem Nutzen sein können.

Die Kommunikation mit Gottheiten, Totems oder Archetypen wird mit Hilfe der Resonanz erzielt, die auf den Entsprechungen basiert, welche zwischen uns und den Wesen aus anderen Dimensionen bestehen. Der Gesang unserer eigenen Schwingungen, der Akkord, den wir durch unser Sein erzeugen, harmonisiert und vereinigt sich für einen Moment in dem Feld des Seins, mit dem wir uns verbinden. Innerhalb dieser Resonanz findet der Austausch von Informationen statt. Der Moment existiert innerhalb jenes zeitlosen, unendlichen Raums, der sich außerhalb unserer «normalen», gewöhnlichen Realitätsstruktur befindet.

Das Ergebnis ist eine Kommunikation, die normalerweise durchaus sinnlich wahrgenommen wird, aber auch Elemente der Phantasie und des Sehens mit dem «inneren Auge» beinhalten kann. Man hat die Gelegenheit, das Erlebnis einer Verschmelzung mit dem Totem zu spüren. Wenn man in das Bewußtsein dieses Wesens eintritt, ist das, als setzte man eine Maske auf oder bekäme eine neue Identität. Oft ist es auch, als kleide man sich mit dem Körper des Verbündeten oder verschmelze mit ihm, so daß man durch seine Augen sehen kann. Dadurch gewinnt man eine einzigartige Perspektive der Welt aus dem Blickwinkel jenes Wesens. Wenn man beispielsweise mit einem Adler auf die Reise geht, kann man hoch in die Lüfte aufsteigen und die betreffende Situation von einem höchst erhobenen Standpunkt aus betrachten. Darüber hinaus hat man als Adler den Vorteil, daß man äußerst scharfsichtig ist und selbst aus der Entfernung noch jedes Detail erkennen kann.

Jeder Totem hat ganz spezifische Qualitäten und Attribute zu bieten, an denen man auf den Reisen mit dem goldenen Kessel teilhaben kann. Je länger man mit den Totems, für die man eine Vorliebe entwickelt hat, arbeitet, desto mehr wird man über sie und ihre einzigartigen Talente in Erfahrung bringen. Die Alchemie des Kessels ist dazu da, dich so vorzubereiten, daß du für den Fall einer solchen Vereinigung gerüstet bist und sie für dich zu einer Erfahrung gegenseitiger Unterstützung und Anteilnahme werden kann.

Auf diesen Reisen findet eine erste Verbindung häufig durch Augenkontakt statt. Ich habe auch die Erfahrung gemacht, daß das Aufnehmen einer Kommunikation aus der Mitte des Herzens ebenfalls helfen kann, die Verbindung zu stärken. Durch die dauerhafte Verbindung, die dadurch hergestellt wird, werden die Totems zu unseren Verbündeten, und wir können auf eine freundschaftliche Weise zusammenwirken.

Verbündete machen sich durch «morphogenetische Felder» bemerkbar, die für ihre jeweilige Art typisch sind. Diese Felder, die von dem Biologen Rupert Sheldrake so benannt wurden, umgeben jedes Mitglied einer Art und verbinden sie mit ihrem höheren Selbst, dem Über-Selbst der ganzen Art oder der Totem-Energie der Art. So gibt es zum Beispiel einen archetypischen Adler, und es gibt viele individuelle Adler. Jeder dieser Adler bezieht und liefert gleichzeitig Energie an dieses morphogenetische Feld, das die kollektive Geschichte der Spezies Adler enthält. Jüngere Entdeckungen auf dem Gebiet der Biologie unterstützen die Theorie, daß jede Spezies von Generation zu Generation durch Erfahrungen dazulernt und daß dieses Wissen für künftige Generationen in dem jeweiligen morphogenetischen Feld gespeichert werden.

Mit Gottheiten, Totems und Archetypen als Beschützer und Seelenführer kann der goldene Kessel für uns eine Methode sein, durch die wir durch unser Unterbewußtsein in das kollektive Unbewußte gelangen, wo alle Aspekte der Schöpfung ineinandergreifen. Von dort können wir alles an die Oberfläche bringen, was wir brauchen oder uns für unsere nächste Wachstumsstufe wünschen. Wenn unsere Absicht klar und rein ist, wird das Ergebnis die Botschaft, Lektion oder Erfahrung sein, die für den Moment genau die richtige ist. Die beste Vorbereitung besteht darin, dein Herz mit Dankbarkeit für die vielen Segnungen des Lebens zu erfüllen, denn ein von Dank erfülltes Herz strahlt wie ein helles Licht auf dem Pfad.

WIE MAN DIESES BUCH BENUTZT

Dieses Buch sollte erfahren werden. Es ist ein Werkzeug, das von jedem Menschen für sich selbst genutzt werden kann und ihm ermöglicht, zu seiner Kraft zu finden. Dies stellt einen radikalen Wandel von der jahrhundertealten Praxis dar, die eigene Kraft auf Wesen und Idole im Äußeren zu übertragen. Viele der Reisen sind wahre Initiationen, Durchbruchserlebnisse, die unsere Wahrnehmung der Realität verändern können.

Um das Buch optimal nutzen zu können, solltest du dir einen speziellen Ort schaffen, an dem du ungestört bist. Die Vorbereitung dieses Ortes ist so, als würde man sein Haus für hohen Besuch vorbereiten und sicherstellen, daß alles so gemütlich wie möglich ist, frei von Ablenkungen und Sorgen. Das Räuchern mit einem indianischen «Smudgestick», einem Räucherbündel aus Kräutern, Salbei oder Zeder, oder mit einfachen Räucherstäbchen oder Weihrauch kann helfen, die Umgebung von unerwünschten Energien zu reinigen. Dazu kann man beispielsweise Zeder- oder Salbeiblätter in eine Abalonemuschel oder ein anderes feuerfestes Gefäß legen und sie darin abbrennen, wobei ein reinigender Rauch entsteht. Dabei ist es wichtig, ein Fenster oder eine Tür geöffnet zu lassen, damit die unerwünschten Energien den Raum verlassen können. Bei vielen nordamerikanischen Indianerstämmen ist es Sitte, sich selbst, seinen Nächsten sowie die heiligen Orte und Gerätschaften zu beweihräuchern.

Besondere Details wie Blumen oder Kerzen können, wenn sie bewußt eingesetzt werden, den Raum in ein kleines Heiligtum verwandeln. Dabei brauchst du es dir gar nicht unnötig schwerzumachen, denn der wichtigste Ort, an dem sich das Geschehen vollzieht, ist in deinem *Inneren*. Die äußere Umgebung und die innere Verfassung sollten jedoch von Frieden und Stille geprägt sein und es dir gestatten, die Sorgen und Nöte deines Alltags für eine Weile zugunsten der vielfältigen Möglichkeiten der geistigen Welt zu vergessen.

Die Alchemie ist ein Prozeß der Wandlung, der von unseren Vorfahren vorgeblich genutzt wurde, um niedere Metalle in Gold zu verwandeln und das Lebenselixier zu erzeugen. Bei den Reisen mit dem goldenen Kessel wirst du selbst zu dem Gefäß, der alchemistischen Retorte, in der die Elemente des Lebens gemischt werden und eine Verwandlung geschieht, welche unser Bewußtsein so transformiert, daß unsere Wahrnehmung sich auf die geistige Ebene erweitert. Die Alchemie des goldenen Kessels ist eine aktive Art der Meditation. Außer einer klaren Absicht und der Fähigkeit zur Aufmerksamkeit gibt es keinerlei Voraussetzungen. Aufmerksamkeit ist die einzige in der Alchemie gültige Währung, und du bekommst nur soviel, wie du zu zahlen bereit bist. Das Beste ist, sämtliche Ablenkungen zu meiden und sich darin zu üben, Umweltgeräusche oder unvermeidliche Störungen als Teil des Reiseplans zu sehen.

Jeder Mensch hat seine eigene Art, Informationen aufzunehmen. Einige sind Augenmenschen, andere verlassen sich auf ihr Gehör, wieder andere spüren mit dem ganzen Körper oder mit dem Herzen. Ich kenne Heiler, die ihre Diagnose anhand des Geruchs ihres Patienten stellen. Die Kultur der Hochtechnologie betont visuelle und akustische Reize, wodurch einige unserer übersinnlichen Fähigkeiten verkümmert sind. Es ist jedoch möglich, unsere paranormalen Sinne wieder zu erwecken und zu entwickeln, obwohl dabei nur allzuoft unsere eigene Voreingenommenheit und unsere Konditionierungen im Wege stehen.

Das Fernsehen liefert uns eine ununterbrochene Reizflut, die in uns die Illusion hervorruft, daß Bild und Ton unsere wichtigsten Wahrnehmungswege sind. Das scheint in den meisten Fällen so zu sein, doch ebensogut trägt unser gegenwärtiger Lebensstil zur Verkümmerung einiger unserer feineren Wahrnehmungen bei.

Die meisten Menschen, mit denen ich gearbeitet habe, sind von Natur her Augenmenschen. Bei einigen geht die Wahrnehmung auch stark über die Ohren, oder zumindest sind sie sich dieser Fähigkeit bewußt. Viele erfahren, daß die Worte, mit denen die Reise geleitet wird, als Katalysator für Gefühle dienen oder verschüttete Emotionen wieder hervorbringen können. Ebenso wirksam, aber weitaus schwieriger einzuschätzen, ist das sogenannte «Wissen». «Wissende» versuchen normalerweise herauszufinden, *wie* sie zu ihrer Erkenntnis gelangt sind, und haben häufig Schwierigkeiten, dies in Worte zu fassen; dabei ist es der direkteste Weg. Es gibt keine Trennung zwischen dem Wissen und dem Wissenden. Ich weiß es – ich bin ebenfalls eine Wissende.

Das Wichtigste ist, daß du, was auch immer du auf deiner Reise erlebst, zufrieden bist. Benutze deinen wichtigsten Sinn, ob nun Auge oder Ohr, und öffne gleichzeitig deine Aufmerksamkeit für deine anderen inneren Sinne.

Nicht weniger wichtig ist es jedoch festzustellen, daß für einige Menschen anstelle von Thot irgendeine andere Gottheit erscheinen kann. Es empfiehlt sich, nicht auf einen bestimmten Ablauf zu bestehen. Viel wichtiger ist es, daß man sich wohl fühlt, wer auch immer die Rolle einnimmt. Die Reise kann, sobald du sie begonnen hast, ihre Eigendynamik bekommen und einen vollkommen anderen Verlauf nehmen, als du ursprünglich geplant hattest. Im allgemeinen ist es immer das Beste, man folgt dem, was sich ergibt, und nimmt die Anleitungen des Buchs lediglich als Katalysator für die Erfahrung, die für dich bereitgehalten wird.

Ebenso kann es vorkommen, daß der Kessel, den du findest, kein goldener ist. Er kann ebensogut aus Ton, Eisen, Silber, Kupfer oder einem anderen Material bestehen. Es ist wichtig, daß du darauf achtest, woraus dein Kessel besteht, denn er kann sich verwandeln, oder du selbst verwandelst ihn absichtlich in ein anderes Material.

Du wirst feststellen, daß einige der Totem-Tiere männlich sind und andere weiblich. Ich habe das Geschlecht des Totems so gewählt, wie es sich mir auf der Reise gezeigt hat. Das heißt jedoch nicht, daß es bei deiner Reise genauso sein muß. In den meisten Fällen ist das jedoch von untergeordneter Bedeutung.

Viele Menschen stellen sich die Frage: «Bilde ich mir das Ganze nur ein?», und oft sieht es tatsächlich so aus. Die Einbildungskraft ist der Blitzableiter des Magiers. Sie arbeitet Hand in Hand mit dem

Willen und ist die Grundvoraussetzung für alle Formen der Schöpfung. Jeder Mensch verfügt über die Fähigkeit, zwischen dem zu unterscheiden, was der eigenen Phantasie entspringt, und dem, was von «außen» kommt.

Die Reisen sind am erfolgreichsten, wenn Wahrnehmungen aus anderen Dimensionen, den geistigen Ebenen, die Oberhand gewinnen. Du solltest jedoch niemals vergessen, daß dies alles ein Teil von dir ist. Du kannst ein symbolisches Bild eines speziellen Aspektes deiner selbst objektivieren und nach außen projizieren, um zu einem sinnvollen Dialog zu gelangen. Dieses Symbol kann ein wiedererkennbares Gewand tragen, das normalerweise mit der jeweiligen Kultur in Zusammenhang steht. Eine solche Objektivierung geschieht mehr oder weniger bewußt und erleichtert es wesentlich, mit dem Geschehen oder der Botschaft, die übermittelt wird, etwas anzufangen.

Die Attribute, die in den Einleitungen zu den Verbündeten erwähnt werden, stellen die Wünsche jedes Totems für diese Arbeit dar. In anderen Büchern über dieses Thema findest du möglicherweise andere Qualitäten und Merkmale, die gleichermaßen zutreffend sind: Die Wesenheiten, mit denen wir es zu tun haben, sind sehr komplex und haben viel zu bieten. Du kannst viele dieser zusätzlichen Möglichkeiten in zukünftigen Reisen erkunden.

Es ist wichtig, dich bei jeder deiner Reisen an der Alchemie des Kessels zu orientieren, zumindest so lange, bis Thot oder dein Schutzgeist sofort zugänglich geworden ist. Sogar wenn dein Seelenführer dir jederzeit zur Verfügung steht, ist es wichtig, bestimmte Abläufe zu beachten, insbesondere die Erdung und Zentrierung, die Erhaltung deiner inneren Flamme des Herzens und das Rühren des Kessels. Du brauchst das purpurschwarze Ei und die Krone nur ein einziges Mal zu empfangen, obwohl eine Wiederholung ungefährlich ist. Am Ende jeder Reise ist es unbedingt erforderlich, sich in physischer Weise zu erden. Finde eine Empfindung, die dir anzeigt, daß du zurück in deinem Körper bist, wie etwa den Boden unter den Füßen zu spüren oder zu merken, wie sich der Brustkorb mit dem Atem hebt und senkt.

Der Zweck der Alchemie besteht darin, den Schwerpunkt deiner Aufmerksamkeit auf den Reichtum des kollektiven Unbewußten zu verlegen. Dieser Bereich ist den Gottheiten und Mächten der Totem-Tiere vorbehalten. Viele Menschen nehmen dies als eine außerkörperliche Erfahrung wahr, während andere lediglich eine Verschiebung des Bewußtseinsschwerpunkts erleben, wie wenn man am Radio von einem Sender zum anderen wechselt. Beides funktioniert und wird dich dorthin bringen, wo du sein solltest.

Je sicherer du dich auf deinen Reisen fühlst, desto mehr Reiselust und Forschungsdrang wirst du entwickeln. Bitte Thot, dich anderen Gottheiten und Totems vorzustellen, die für dich besonders interessant sein könnten. Die folgenden Seiten enthalten nicht mehr als einen Vorgeschmack auf die reiche Nahrung, die der goldene Kessel für dich bereithält.

Die Reisen sind so angelegt, daß du sie unternehmen kannst, während du sie dir selbst vorliest. Wenn du Schwierigkeiten hast, dich während des Lesens voll einzustimmen, bitte einen Freund, sie dir laut vorzulesen. Bitte ihn, sich die Reisen vorher einmal durchzulesen, damit er mit ihrem Ablauf vertraut wird. Eine andere Möglichkeit ist, die Reise auf Band aufzunehmen und sich vorzuspielen.

Die meisten Pausen sind im Text durch Klammern gekennzeichnet. Wenn nötig, habe ich weitere Anweisungen in kursiv hinzugefügt. «Pause» steht für eine Sprechpause, die etwas länger ist als gewöhnlich und zusätzliche Aktivität oder besondere Reaktionen erfordert. Es empfiehlt sich, sich genügend Zeit zu lassen, um jeden Abschnitt der Reise zu vollenden. Du solltest also zuerst die ganze Reise ein- oder zweimal ganz durchlesen, um ein Gefühl für den Ablauf zu bekommen, bevor du dich selbst auf die Reise begibst. Dies ist ganz besonders wichtig, wenn du für jemanden die Reise vorliest.

Es trägt auf jeden Fall zu einem guten Ablauf bei, vor dem Beginn der eigentlichen Reise die betreffende Einleitung zu lesen. Einige der Reisen sind ziemlich komplex, und einige können Anfängern womöglich etwas angst machen. Die Art von Wandlungen und Transformationen, welche durch diese Arbeit möglich werden, sind nicht immer leicht. Reisen, die einer besonderen Vorbereitung oder Erläuterung bedürfen, sind in der Einleitung gesondert gekennzeichnet.

Du wirst feststellen, daß am Ende der meisten Reisen die Möglichkeit besteht, der Wesenheit, mit der du gearbeitet hast, ein Opfer oder ein Geschenk darzubringen. Ein derartiger Austausch ist zwar nicht unbedingt erforderlich, doch selbstverständlich kann es jeder Freundschaft nur gut bekommen, wenn die Bereitschaft zu Geschenken auf Gegenseitigkeit beruht. Vertrau auf deine Intuition – du wirst wissen, welches Geschenk angebracht ist. Häufig ist ein Geschenk mit einer Botschaft verbunden, die in einem zusätzlichen Schlüssel bestehen kann, um sich die spezifische Information der jeweiligen Reise zu erschließen.

Der goldene Kessel ist ideal für die Gruppenarbeit, für Heilkreise oder andere Gelegenheiten, zu denen Menschen sich zusammenfinden. Wechselt euch mit der Leitung der Gruppe auf den Pfaden des Kessels gegenseitig ab. Es ist wichtig, über die Erlebnisse zu sprechen. Nur indem man sich von seiner Reise erzählt, kann man Synchronizitäten aufdecken. Häufig wird ein Teilnehmer ein vermeintlich einzigartiges Erlebnis schildern, um anschließend festzustellen, daß es drei anderen im Kreis fast genauso ergangen ist. Auch kann es bei der Deutung der eigenen Erfahrung helfen, wenn man die Erfahrungen anderer zur Kenntnis nimmt.

Ich empfehle, mit der ersten Reise zu beginnen, um eine Verbindung zu Thot herzustellen und deine Absicht zu klären. Anschließend kannst du so fortfahren, wie es deinen Bedürfnissen entspricht. Du kannst am Anfang beginnen und dich allmählich durch die Sammlung in der gegebenen Reihenfolge durcharbeiten, oder du hast in deinem Leben besonders dringliche Angelegenheiten, die gelöst werden sollen, und wählst folglich die Reisen aus, die diesen am ehesten entsprechen. Möglicherweise hast du auch eine besondere Vorliebe für ein bestimmtes Tier, vielleicht ist es dir sogar im Traum begegnet. Dies könnte ein Totem sein, mit dem du dich am wohlsten fühlst, weil er dich bereits angesprochen hat. Und manchmal möchtest du vielleicht einfach das Buch an irgendeiner beliebigen Stelle aufschlagen und sehen, was es dir zu bieten hat.

Der goldene Kessel kann auch als Orakel dienen. Konzentriere deine Aufmerksamkeit, um deine Frage genau einzugrenzen. Um von diesem Werkzeug Gebrauch zu machen, brauchst du nur ganz still zu sein und dich einzulassen, Vertrauen zu haben und in deinen Wünschen und Fragen den Punkt der Wahrheit zu finden. Dann kannst du deine Frage formulieren und sehen, welcher Totem am besten geeignet ist, den Gegenstand deines Interesses anzuhören.

Jedesmal wenn du eine Reise wiederholst, werden die Ergebnisse wieder völlig neu und einzigartig sein. Es kann hilfreich sein, über deine Erlebnisse Tagebuch zu führen, denn oft wirst du ein Geschenk erhalten, eine Einsicht oder ein Symbol, das erst einige Reisen später klar verstanden wird, wenn es in einem anderen Zusammenhang erklärt oder gesehen wird.

Der einzige Zweck des Kessels ist die Heilung. Die Rituale wurden uns geschenkt, um allen Menschen zu helfen, in einer Zeit, in der wir auf gegenseitige Hilfe besonders angewiesen sind. Die Absicht bei der Verwendung des Kessels ist, uns wieder in Kontakt mit unserer Liebe zu bringen, mit allen Formen des Lebens und mit dem Planeten, auf dem wir leben. Das ist der Schlüssel zum Gebrauch des Kessels.

WERNEKE ©1991

Das übergeordnete Prinzip des goldenen Kessels ist die Gottheit Thot (*Tabuti*). Thot, der ägyptische Gott der Weisheit, Sprache, Kommunikation, Heilung, Wissenschaft und anderer Bereiche, schenkt den Reisen Sicherheit und bringt sie in eine geordnete Abfolge. Er ist der Gestalter des Geschehens, die Grundlage dieser Arbeit.

In Ägypten gilt Thot auch als der Schreiber der Götter, der Hüter der Archive. Den Griechen war er als Hermes bekannt und den Römern als Merkur, der Götterbote. Sein Symbol ist der Merkurstab: zwei Schlangen, die sich um den Stab des Lebens winden, gekrönt von zwei Flügeln, als Ausdruck des Gleichgewichts der geistigen und irdischen Welten. Thot stand bei den Ägyptern für die höchste Form des Geistigen. Deswegen muß man noch über Thot hinausgehen, um in den intuitiven Teil der Psyche vorzudringen, in den man durch den Kessel gelangen kann. Thot ist nicht nur der Hüter dieser Bereiche, er ist der Weg zu ihnen. Er führt dich in deine Erfahrungen hinein und auch wieder hinaus. Er ist die Schnittstelle zwischen den Abenteuern des goldenen Kessels und deinem gewöhnlichen Leben.

Jeder Mensch, der die der Schöpfung zugrundeliegenden Prinzipien kennenlernen möchte, jeder wahre Sucher nach Weisheit und Erkenntnis, kommt letztlich nicht an Thot vorbei. Er ist der große Weltenlehrer, der den spirituellen Reisenden zur Quelle des ersehnten Wissens führt. Ebenso kümmert er sich um deinen Körper, wenn du mit Hilfe der Kesselalchemie reist, und ist ein Ruhepunkt. Falls irgendwelche Fragen oder Probleme während der Reise auftreten, steht er jederzeit mit Rat und Tat zur Verfügung.

Das erste Mal begegnete ich bewußt Thot während einer Eingebung, die sich auf ähnliche Weise abspielte wie die Reisen in diesem Buch. Ich wurde vor den Rat der ägyptischen Götter geführt, um von jemandem, der künftig mein Mentor und Lehrer sein sollte, erwählt zu werden. Thot trat hervor, und es dauerte einige Zeit, bis mir klar wurde, welche segensreiche Wirkung damit verbunden ist, direkt mit ihm zu arbeiten. Es ist mir eine große Ehre und ein unvergleichliches Privileg, diese Einführung an alle, die dieses Buch lesen, weitergeben zu dürfen.

Thot wird meistens als Mensch mit Ibiskopf dargestellt, gelegentlich jedoch auch nur als Mensch oder nur als Ibis. Der Ibis ist ein Sumpfvogel, dem Kranich verwandt. Im alten Ägypten war der Ibis entlang des Nils sehr verbreitet. Er ernährte sich von den Fischen, die sich an seinen papyrusbewachsenen Ufern tummelten. Papyrus ist jene Schilfsorte, aus der in der Antike Papier hergestellt wurde. Der Fisch ist ein uraltes Weisheitssymbol, und er bewegt sich zumeist in Schwärmen, die man auch als «Schulen» bezeichnet. Aus der Beobachtung eines Ibis beim Fischen kann man sehr viel lernen. Der graziöse Vogel steht stundenlang auf einem Bein, breitet gelegentlich einen Flügel aus und beschattet die Wasseroberfläche, um tiefer ins Wasser blicken zu können.

Der hundsköpfige Affe ist ein anderes Bild für Thot. In dieser Gestalt kann man ihn auf der Schale der Waage sitzen sehen, auf welcher die Herzen der Verstorbenen in den ägyptischen Begräbnisritualen gewogen werden. Eine weitere, weniger häufige Erscheinungsform des Gottes Thot ist als Kobra, die große Weisheit über die Erde und die Ebenen des Unbewußten in sich trägt und durch die Thot mir viele Durchgangsriten gezeigt hat.

Thot steht als Vogel mit dem Element Luft in Verbindung und besitzt viel Humor. Man darf sich nicht wundern, wenn er der Arbeit eine humorvolle Note verleiht, um dir die Spannung zu nehmen und dabei zu helfen, daß sie Spaß macht. Nicht alles, was produktiv sein soll, muß auch todernst sein, und Thot ist ein Meister im Herbeiführen von interessanten und zugleich bedeutsamen Erlebnissen, durch die du das Wissen und die Informationen finden kannst, die du suchst. Darüber hinaus ist er der größte Verwandlungskünstler, ein Meister der Verkleidung. Du wirst es merken, wann und wie er seine Spielchen mit dir treibt.

Falls Thot als Wesenheit oder als Prinzip dir nicht ganz geheuer ist, können seine Funktionen auch durch ein Bild erfüllt werden, das besser mit deinen individuellen Wünschen und Bedürfnissen harmoniert. Gewöhnlich wird dies ganz von selbst passieren. Wenn während deiner alchemistischen Betätigung eine andere Wesenheit anstelle von Thot erscheint, wird diese dir als Seelenführerin dienen und den Platz der Hüterin der Arbeit für den Kessel einnehmen. Dies geschieht bisweilen vollkommen spontan, wenn es einen speziellen Führer gibt, der dir auf diese Weise dienen will. Um einer eventuellen Verwirrung vorzubeugen, werde ich in diesem Buch die Gestalt des Seelenführers der Einfachheit halber immer «Thot» nennen.

Gelegentlich können auch andere Mitglieder des ägyptischen Pantheons erscheinen, wie Horus, der falkenköpfige Gott (siehe auch die Reise des Falken) oder Anubis, der Schakalgott (siehe auch die Reise des Schakals). Alle, die Anubis erleben, verfügen über besonders wirksame Fähigkeiten bezüglich der transformatorischen Natur dieser Arbeit. Dies ist durchaus bedeutsam, zeigt es doch eine Verbindung zu tiefen Ebenen des Heilens und möglicherweise einen größeren Anteil der Schattenaspekte. Auch Horus ist ein starker Seelenführer und wirksamer Lehrer, resolut und klug, wie die Sonne, die den Tag erhellt, wenn auch normalerweise weniger verspielt als Thot. Sollte ein ganz anderer, aber erkennbarer Führer sich zeigen, nimm dir die Zeit, um alles über die Person oder das Tier, in dessen Gestalt er erscheint, herauszufinden.

Thot möchte im Verlauf dieses Buchs gern in seiner Gestalt als Ibis, Mensch oder einer anderen verwandten Form erkannt werden. Alle, die Schwierigkeiten mit einer männlichen Erscheinungsform haben, sollten wissen, daß er ein Wesen ist, welches der Göttin dient. Er ist der Herr des Mondes und in gewissem Sinne der erste Hermaphrodit. Als solcher verkörpert er die vollkommene Balance und kann seine Zweigeschlechtlichkeit aufrechterhalten.

Jedesmal wenn du eine Reise unternommen hast, ist es wichtig, dir anschließend deine Erfahrung mit Thot ins Gedächtnis zu rufen, um zu einem tieferen Verständnis und einer umfassenden Deutung zu gelangen. Dazu ist es hilfreich, sich Notizen zu machen. Ich empfehle dringend, während der Arbeit mit diesem Buch ein Tagebuch über deine Erfahrungen zu führen. Du wirst entdecken, daß einige Botschaften und Informationen durch spätere Reisen besser verständlich werden.

Die Alchemie ist der erste Abschnitt jeder Reise. Sie führt dich in die Gegenwart von Thot. Nachdem du diese erste Reise unternommen hast, kannst du dich für die verkürzte Variante entscheiden, wie sie in dem Kapitel «Alchemie in Kurzfassung» beschrieben ist. Wenn du es vorziehst, kannst du jedoch auch die vollständige Alchemie wiederholen, sooft du magst.

Auf der ersten Reise solltest du auf Thot zugehen, um das Vertrauen zu gewinnen, daß er auf allen deinen Reisen für dich da sein wird. Während deine Beziehung zu Thot und deine Zuversicht auf der Reise wachsen, wirst du immer mehr verstehen, was es mit der Alchemie und ihren Funktionen auf sich hat. Thot hat die Funktion eines hermetischen Siegels für den goldenen Kessel, welches seine Inhalte schützt und sicherstellt, daß nichts entkommt oder verlorengeht. Darüber hinaus fungiert er als eine Art Übersetzer. Falls du dich jemals fragen solltest, was dir auf einer Reise geschieht, ist er für dich da, um dir Erklärungen zu liefern. Während du deine eigene Beziehung zu Thot entwickelst, wird sich deine persönliche Methode, mit dem goldenen Kessel umzugehen, entwickeln.

Im Laufe der Zeit wird sich dein Engagement für diese Lehren wahrscheinlich verändern. Begib dich, sooft du willst, auf die Reise zu Thot, um deinen derzeitigen Stand auszuwerten oder die Fragen, die du in dir trägst, zu stellen.

ALCHEMIE UND INITIATION

Die Alchemie trägt dich in die Gegenwart Thots.
Du heißt ihn willkommen, und die Reise kann beginnen

Schließ die Augen, entspanne dich und atme tief durch. Stell dir vor, dein Atem strömt an der Stelle des Kreuzbeins in dich hinein. Laß deinen Atem tief in den Bauch und atme durch das Steißbein in die Erde hinein. Vertiefe deine Verbindung zu Mutter Erde und zentriere dich in Vorbereitung auf deine Reisen in Bereiche jenseits von Raum und Zeit... Fühle die Regelmäßigkeit deines Atems. Fühle, wie dein Körper sich für neue Ebenen der Empfindsamkeit öffnet...

Lege deine Hände mit geöffneten Handflächen vor dich hin, um das Geschenk zu empfangen, das auf dich zukommt. Es ist ein purpurschwarzes Ei mit goldenen Flecken, das aus der Höhe auf dich herabsinkt, um sanft in deinen Händen zu landen. Spüre seine Größe, sein Gewicht, seine Beschaffenheit. Es ist ein Äther-Ei, das Ei der Schöpfung. Wenn du dir seiner Gegenwart sicher bist, ziehe das Ei in deinen Bauch hinein, so, als ob dein Bauch ein Mutterleib ist, der das Ei, das dir geschenkt wurde, in sich aufnimmt und nährt.

Konzentriere deine Aufmerksamkeit auf dein Herzzentrum. Schau tief in dein Herz hinein, um die ewige Flamme des Lebens zu finden, die in ihm brennt. Während du dich auf die Flamme deines Herzens konzentrierst, richtest du deine ganze Liebe auf sie, läßt sie wachsen und *fühlst*, wie die strahlende Wärme deines eigenen Herzens sich ausbreitet, um dein ganzes Wesen zu erleuchten...

Richte deine Aufmerksamkeit auf die Oberseite deines Kopfes. Eine Krone wird dir sanft aufgesetzt, rings um dein Kronenchakra. Schau dir die Krone genau an und spüre sie. Aus welchem Material besteht sie? Die Krone symbolisiert die Kraft, die du nun erhältst. Sie bildet das Tor, durch das dein Bewußtsein sich aus dir heraus und wieder in dich hinein bewegen kann.

Schau noch einmal hin, um das Ei, das im Schoß deiner Essenz herangereift ist, zu sehen und zu fühlen. Die äußere Hülle des Eis verschmilzt mit deinem Bauch, und der goldene Kessel wird sichtbar. Dieser Kessel ist die Quelle alles Lebens, aller Weisheit. Fühle ihn, wie er immer weiter wird, um deinen ganzen Bauch auszufüllen.

Beginne, die Wasser des Lebens in deinem Kessel aufzurühren. Dabei entsteht ein Geräusch wie das Singen einer tibetischen Klangschale oder das Klingen eines Kristallkelches – die Frequenz und Schwingungsqualität des Goldes, die dein ganzes Wesen durchdringt. Stimme dich auf diesen Klang ein...

Während du weiter den Inhalt des Kessels rührst, steigen allmählich die Wasser. Sie erheben sich und steigen immer höher, bis sie die Flamme in deinem Herzen berühren. Dort wird es zischen, brodeln und knistern, wenn das Wasser auf das Feuer trifft und sich in Dampf verwandelt. Der Dampf steigt auf. Er öffnet einen Durchgang zu deinem Hals, der gleichzeitig ein Übergang zu den schamanistischen Ebenen ist, und beginnt, deinen Kopf zu füllen. Laß dein Bewußtsein zusammen mit dem Dampf aufsteigen. Laß es sich mit ihm in deinem Kopf verbinden. Konzentriere deine gesamte Aufmerksamkeit, dein gesamtes Bewußtsein in diesem Dampf. Während der Druck immer stärker wird, erhebt sich dein Bewußtsein und steigt an der Krone aus dem Körper hinaus.

Wenn du durch deine Krone hinausgegangen bist, schau zu deiner Linken, und du wirst Thot erblicken, deinen Seelenführer und Beschützer für die Reisen des Kessels. Grüße diese Wesenheit mit großem Respekt.

Während du in seine Augen schaust, laß dich auf das Erlebnis einer inneren Verbindung zu Thot ein, welcher Art auch immer...

Thot fragt: «Warum bist du hier?»

Möglicherweise spürst du, wie sich dein Herz und dein Geist öffnen, während dir viele Fragen und Gedanken einfallen, die du schon lange mit dir herumträgst. Oder du staunst über die Tiefe der Gefühle, während du deine Fragen und Antworten in Worte faßt. Achte genau auf die Reaktionen, die du von Thot erhältst...
(*Lange Pause*)

Thot wird dich fragen, ob dies der Pfad sein soll, den du an diesem Punkt deines Lebens erwählst... *(Lange Pause)*

Wenn du von diesem Abschnitt deiner Reise zurückkehrst, wirst du allmählich erkennen, daß du durch deinen Entschluß, auf diese Weise zu arbeiten, eine neue Quelle der Kraft für dich erschließt.

Falls du Fragen hast, stelle sie nun... *(Pause)*

Nimm dir soviel Zeit, wie du brauchst, um dein Gespräch mit Thot vorläufig zu Ende zu bringen... Vergiß nicht, deinen Dank zum Ausdruck zu bringen. Ein einfaches «Danke» ist genug...

Thot wird dich durch deine Krone zurück in dein gewöhnliches Bewußtsein geleiten...

Versäume nicht, dich gründlich zu erden und deine Mitte zu finden, indem du die Erdungsatmung durchführst. Visualisiere deinen Atem, wie er durch den Nacken in dich hineinströmt und durch das Steißbein in die Erde geht. Achte darauf, daß du fest in deiner physischen Gestalt verankert bist, bevor du die Augen wieder öffnest...

ALCHEMIE IN KURZFASSUNG

Die Alchemie des goldenen Kessels ist der Prozeß, durch den du deinen Bewußtseinszustand verändern kannst, um deine Wahrnehmung auf die spirituellen Ebenen auszuweiten. Es empfiehlt sich, mit der ersten Initiation zu beginnen, die dich zu Thot führt, und anschließend mit der Reise zur Weisen Frau fortzufahren.

Außer bei deiner ersten Begegnung mit der Alchemie des Kessels kannst du in der folgenden verkürzten Form vorgehen:

Erde dich und finde deine Mitte, indem du tief in den Bauch ein- und dann nach unten, durch das Steißbein, ausatmest, um Verbindung zur Erde herzustellen...

Widme deine Aufmerksamkeit deiner Herzflamme und richte auf sie deine Liebe, um sie wachsen zu lassen und ihre Strahlen in deinem ganzen Wesen zu verbreiten. Laß dich ganz von ihrer Wärme und ihrem Licht erfüllen...

Rühre die Wasser in deinem goldenen Kessel und stimme dich auf den Klang seiner Schwingungen ein. Sieh, wie die Wasser aufsteigen und die Flamme deines Herzens erreichen, und erlebe die Verwandlung der Wasser in Dampf, wenn sie auf die Flamme treffen...

Der Dampf steigt auf, öffnet das schamanistische Tor an deinem Hals und erfüllt deinen Kopf. Richte deine gesamte Aufmerksamkeit auf den Dampf. Während er sich in deinem Kopf sammelt, wird er dein Bewußtsein durch deine Krone bis hinauf in deinen Lichtkörper bewegen...

Thot ist allzeit zu deiner Linken...

(An dieser Stelle beginnt die jeweilige Reise.)

Mit zunehmender Übung wirst du immer schneller und leichter in Verbindung zu Thot kommen, bis er nur noch einen Atemzug weit entfernt ist. Es ist wichtig, selbst wenn der Zugang immer leichter wird, niemals zu vergessen, sich zu erden, die Mitte zu finden und die Herzflamme zu nähren. Ebenso wichtig ist es, nach der Vollendung jeder Reise wieder zu einer festen Verwurzelung auf dieser Ebene, der physischen Realität, zu finden.

ZWEITER TEIL

Grundlegende Reisen

Diese grundlegenden Reisen sind die Basis für den goldenen Kessel. Sie helfen dir, eine Beziehung zu dieser Arbeit zu finden, und legen den Grundstein für ein gutes Reiseverhalten, das dir erlaubt, auf den Reisen, die in den folgenden Teilen beschrieben werden, noch weiter zu gehen. Auf diesen Reisen entwickelt sich die Beziehung zu deinem persönlichen Seelenführer

WERNEKE © 1991

GEIER UND WEISE FRAU

Intuitive Weisheit

Die ersten Lehren des goldenen Kessels werden uns von dem Geier und der Weisen Frau geschenkt. Die beiden repräsentieren eine ursprüngliche weibliche Weisheit. Durch den Kessel erhalten wir Zugriff auf die tiefsten Schichten unserer Psyche und treten direkt mit diesem uralten weiblichen Archetyp in Verbindung. Sie ist ein Teil von uns allen, unabhängig von unserem Geschlecht, und kann uns auf dem Weg zu einem tieferen Verständnis unserer selbst und der Abläufe in der Natur helfen.

Der Geier ist in Ägypten ein hoch angesehenes Tier. Einer seiner Aspekte, die Göttin Mut, gilt in der ägyptischen Mythologie als eine Göttin, die sich selbst erschaffen hat. Sie ist eines der ältesten Götterbilder Ägyptens. Man hielt alle Geier für weiblich, und auf den Köpfen vieler Göttinnen kann man das Motiv des Geiers erkennen, ebenso auf Pharaonenkronen, auf denen es die Herrschaft über Oberägypten symbolisiert. Die Göttin Geier weiß, wann du wahrhaft bereit zum Wandel bist, denn sie kann geduldig beobachten und warten. Wenn die Zeit reif ist, sieht sie den Tod des Alten und verschlingt es, damit es wiedergeboren werden kann.

In der folgenden Reise ist es Mut, die Göttin Geier, die dich zu ihrem Tempel, dem Mutterleib der Erde, trägt. Dort wirst du dich mit ihrer Priesterin, der Weisen Frau, treffen. Es ist diese Alte, der weise, reife, weibliche Aspekt deines Selbst, die dein Drittes Auge öffnen wird und dich auf den Wegen der Intuition, der Kräuterkunde und der Heilkunst anleiten wird.

Die Weise Frau ist die Hüterin der Schatzkammer aller Kräuter, und du kannst jederzeit zu ihr kommen, um mehr über Kräuter und ihren Gebrauch zu lernen. Sie wird dich mit neuen Verbündeten des Pflanzenreichs vertraut machen oder dich an alte befreundete Pflanzen erinnern, die du zum jetzigen Zeitpunkt deines Lebens gebrauchen kannst. Wenn du die Kräuter, die sie dir zeigt, nicht kennst, solltest du ein gutes Kräuterbuch zur Hand nehmen und dich ausführlich informieren.

Besuche die Weise Frau häufig, um deine weibliche Natur besser zu verstehen. Besonders günstig ist diese Reise bei Vollmond.

Die Reise des Geiers und der Weisen Frau

Thot erhebt seinen Stab, und wenn du schaust, wohin er zeigt, erblickst du einen prächtigen Geier. Das ist die Göttin Mut, die Mutter aller Dinge, von vornehmem Charakter und edler Statur. Sie ist die Urmutter des ägyptischen Pantheons. Mut erhebt dich sanft in die Lüfte und trägt dich über die wundersamen Gefilde unserer Mutter Erde. Schau auf die Landschaften, die unter dir vorüberziehen, während du dich auf den Winden dahintragen läßt...

Mut führt dich zu ihrem geheimen Tempel. Der Eingang ist verborgen, von üppigem grünendem Blattwerk verdeckt, der schmale Eingang jedoch ist angezeigt durch ein klares Bächlein. Sie fliegt mit dir hinab und tritt durch einen dunklen Gang mit dir in die Erde ein. Sie steigt tief hinab, bis sie dich sanft am Boden einer großen Höhle absetzt, dem Schoß von Mutter Erde...

Mut weist auf das Gewölbe der Höhle, und der Raum füllt sich mit einem sanften, warmen, glühenden Licht. Allmählich erkennst du, was um dich herum zu sehen ist. Achte auf jedes Detail dieses Ortes, dieses Schoßes. Wie sieht es aus, und wie fühlt es sich an? Welche Farben und Oberflächenstrukturen findest du? Öffne alle deine Sinne. Höre auf die Klänge...

Du wirst aus einer Nische heraus den Klang fließenden Wassers vernehmen. Ein Rinnsal läuft an der Höhlenwand herunter. Du mußt dich in diesen heiligen Wassern reinigen, um dich auf den nächsten Abschnitt der Reise vorzubereiten...

Wenn du dein Reinigungsritual beendet und dich in den fließenden Wassern des Schoßes von Mutter Erde geläutert hast, erhältst du ein frisches Gewand oder eine Robe, die du anlegen kannst...

Kehre nun in den Hauptteil der Höhle zurück. Dort wirst du die Weise Frau treffen, die Verkörperung der göttlichen Weisheit. Die weise alte Frau ist Priesterin schon seit Tausenden von Jahren, dennoch erscheint sie dir seltsam vertraut. Sie ist sehr erfreut darüber, daß du diese Reise auf dich genommen hast...

Die Weise Frau schickt sich an, in der Mitte der Höhle einen Kreis aus Kristallen auszulegen. Während sie sorgfältig jeden einzelnen Kristall auf den Boden legt, erhellt sich die Höhle, bis sich schließlich ein heiliger Kreis leuchtender Kristalle schließt. Die Weise Frau bittet dich, in die Mitte des Kreises zu treten. Der Boden bebt unter deinen Füßen, doch es gelingt dir, das Gleichgewicht zu behalten.

Als du vor der Weisen Frau stehst, greift sie in eine Falte ihres Gewandes und holt einen magischen Stein hervor. Dieser Stein ist die alles heilende Medizin, der Stein der Heilung, welcher alles Wissen der Erde sowie ihre gesamte Geschichte enthält. Es ist die besondere Offenbarung dieser Reise, Einblick und Verständnis für die Natur dieses Steines zu erhalten. Die Weise Frau hält dir den Stein vor Augen und legt ihn in dein Drittes Auge in der Mitte der Stirn. Fühle den Stein in dich eintreten und erwecke allmählich die uralten Erinnerungen an ein längst vergessenes Wissen... *(Pause)*

Die Weise Frau reicht dir nun ein besonderes Kraut, eine Pflanze, welche deine persönliche Kraftpflanze ist. Möglicherweise ist es eine ganze Pflanze oder auch nur ein Blatt, eine Wurzel... Während du die Pflanze entgegennimmst, erfüllt ihre Essenz dich mit dem Bewußtsein ihrer Natur. Sie durchdringt dein ganzes Wesen, und du fühlst sie in allen Zellen deines Körpers. Du fühlst und verstehst ihre Kraft. Du spürst ihren Duft, und dein Mund ist erfüllt von dem Geschmack deines neuen Verbündeten. Du wirst wissen, wann und wie du von diesem Kraut zur Heilung Gebrauch machen kannst, für dich selbst ebenso wie für deine Mitmenschen...

In Dankbarkeit für die Geschenke, welche die Weise Frau dir überreicht hat, möchtest du ihr vielleicht eine Gegengabe darbieten. Du kannst dazu einen Aspekt deiner selbst auswählen, deiner physischen Erscheinung oder deines Charakters als Geschenk, um sie in ihrer Arbeit zu unterstützen...

Die Weise Frau hat eine ganz spezielle Anweisung oder Initiation, die nur für dich da ist, gemäß deiner Bereitschaft und deinem gegenwärtigen persönlichen Interesse. Empfange, was sie dir schenkt... *(Lange Pause)*

Wenn deine Zeit mit der Weisen Frau zu Ende geht, brauchst du ihr nur tief in die Augen zu schauen, um wieder in Verbindung zu den Schwingungen der Geiergöttin Mut zu kommen, und du kannst dich selbst in die Luft erheben, aus diesem heiligen Tempel hinaus. Während du über die vielgestaltigen irdischen Landschaften zurückfliegst, schau hinab und achte auf mögliche Veränderungen in deiner Wahrnehmung...

Kehre zu dem Tor zurück, an dem Thot dich erwartet. Er hat, während du auf deiner Reise warst, deinen Körper bewacht. Nimm dir einen Moment Zeit, um ihm von deiner Reise zu berichten, oder befrage ihn, falls dir auf der Reise irgendwelche Fragen gekommen sein sollten...

Thot wird dir den Weg durch die Krone zurück in deinen Körper zeigen... Fühle, wie du dich wieder mit deinem physischen Körper verbindest. Nimm dir einen Moment, um dich zu erden und deine Mitte zu finden. Fühle, daß du wieder fest in deinem Körper bist... Wenn du bereit bist, öffne die Augen.

BAUM

Erdung

Der Baum des Lebens ist ein uraltes und universales Symbol für die Fülle der Kreisläufe des Lebens. Er bildet ein vollkommenes Modell der drei Hauptaspekte unseres Wesens, die in der polynesischen Huna-Tradition, das «Hohe», das «Mittlere» und das «Niedere» oder «Verborgene Selbst» genannt werden. Das Hohe Selbst ist das eigene «Über-Selbst» oder elterliche Selbst. Es steht in Verbindung mit dem Hohen Selbst aller anderen Menschen. Metaphorisch kann es als die Krone des Baums gesehen werden, die in die Höhen des Geistes jenseits aller physischen Beschränkungen hinausgreift. Der Stamm ist wie das Mittlere Selbst, rational und voller Gedanken. Er steht für jenen Teil von uns, der meint, er stünde für sich selbst, getrennt von allem anderen. Selbst wenn die Kronen ineinandergreifen, werden die Stämme als einzelne gesehen. Das Wurzelsystem, verborgen im Schoß der Erde, liefert Nahrung und Halt. Es entspricht dem Niederen Selbst oder dem Unterbewußtsein, in dem unsere Geschichte und unsere Erinnerungen gespeichert werden und aus dem unsere intuitiven Kräfte aufsteigen.

Bist du jemals durch einen Wald gelaufen, durch einen Park oder sogar durch deinen Hinterhof und hast zu den Bäumen gesprochen? Die Weisheit der Bäume ist unbeschreiblich. Wenn du traurig bist, umarme einen Baum, und er wird auf seine Weise deine Trauer teilen und dich gleich viel besser fühlen lassen.

Es gibt eine Technik, die ich oft in meinen Heilseminaren lehre, in der du, nachdem du einen Baum begrüßt und eine Beziehung zu ihm aufgebaut hast, deinen Baumfreund bitten kannst, dir bei einer Heilung oder emotionalen Reinigung zu helfen. Es ist wichtig, ihn erst zu fragen, obwohl es mir noch niemals passiert ist, daß ein Baum meine Bitte abgelehnt hätte. Dann lege beide Hände auf die Rinde des Baums und laß ihn deinen Schmerz, deine Wut oder deine Sor-

WERNEKE © 1991

gen von dir nehmen. Du wirst spüren, wie er alle unerwünschten Energien aus dir herauszieht, bis die gewünschte Erleichterung stattgefunden hat. Bei dieser Technik ist es sehr wichtig, sich zu öffnen, das Licht in sich hereinzulassen und sich davon erfüllen zu lassen, um die Energien, die der Baum dir nimmt, zu ersetzen. Dabei werden die alten Energien durch die neuen ausgetauscht. Alles, was du zu tun brauchst, um den Lichtstrahl zu erzeugen, der bei der Befreiung in dein Wesen eindringt, ist, darum zu bitten. Vergiß nicht, dem Baum ein Opfer darzubringen, selbst wenn du nichts weiter hast als deine eigenen Körperflüssigkeiten.

Bäume bieten eine hervorragende Gelegenheit zur Erdung. Immer wenn du in deinem Leben von Stürmen der Veränderung oder vom Chaos gebeutelt wirst, laß das Bild des Baumes vor dir erstehen, verschmilz mit ihm und folge deinen Wurzeln tief in die Erde hinein. Dann wirst du dich stabil und sicher fühlen. Deine Wurzeln werden so tief gehen, wie du es zuläßt.

Die folgende Reise kann immer wieder unternommen werden. Sie bietet zahlreiche Möglichkeiten zu experimentieren und sich innerlich zu wandeln. Neben der Erdung kannst du Heilung erfahren sowie Informationen über dich selbst herausfinden. Achte auf die Gesundheit deines Baumes, wie seine Farben strahlen und auf seine Standfestigkeit in der Welt. Achte auf die Jahreszeit, die Tages- oder Nachtzeit und auf alle anderen Auffälligkeiten. Du wirst sehen, wie bestimmte Aspekte deines Wesens mit der Zeit heranreifen, während du mit dem Abbild deines Baumkörpers arbeitest.

Baummeditiationen eignen sich ausgezeichnet für Gruppenenergien. Natürliche Baumkreise waren möglicherweise die ersten Tempel der Menschheit, noch lange bevor Steinkreise errichtet wurden. Versuche einen menschlichen Kreis wie einen Baumkreis zu gestalten und achte darauf, wie sich die Wurzeln aller Bäume in der Gruppe verweben, um sich gegenseitig zu unterstützen. In den Baumkreis, den ihr gebildet habt, kann nun jemand hineingehen, um zu beten oder um Hilfe und Heilung zu erfahren. Wenn du Teil eines ständigen Baumkreises bist, kannst du einen Kreis der Macht entwickeln, der von jedem Teilnehmer jederzeit zum Zweck der Heilung, Verjüngung oder einfach um schwere Zeiten zu bewältigen aufgesucht werden kann.

Baumreise

(Vorab: Alchemie des Kessels...)

Thot führt dich zu einem Wald oder einem Ort, an dem es einen bestimmten Baum gibt, zu dem du dich besonders hingezogen fühlst. Du schaust dir diesen Baum an und stellst fest, daß du in der Art und Weise, wie er gewachsen ist, seine ganze Lebensgeschichte lesen kannst. In welcher Jahreszeit und in welcher Wachstumsphase befindet sich der Baum? Zu welcher Baumart gehört er? Ist er ein Nadel- oder ein Laubbaum? Steht er allein für sich oder in einer Gruppe, in einem Garten oder in einem tiefen Wald oder Dschungel? Nimm die Details deiner Umgebung genau wahr, benutze alle deine Sinne, um deine Umgebung vollständig in dich aufzunehmen...

Du stehst direkt vor dem Baum. Nimm dir einen Augenblick, um ihn zu begrüßen und mit ihm gemeinsam zu atmen. Das hawaiianische Wort «aloha» heißt gleichzeitig «hallo», «Liebe» sowie «gemeinsam atmen». Darin liegt gleichzeitig eine Anerkennung unserer symbiotischen Beziehung zu Bäumen, insbesondere im Hinblick auf den Sauerstoffkreislauf...

Strecke die Hände aus und berühre seine Rinde und seine Blätter oder Nadeln. Fühle ihre Beschaffenheit. Nähere dich dem Baum noch weiter und umarme ihn. Fühle, wie du eins mit ihm wirst, wie du zum Baum wirst...

Dein Bewußtsein erweitert sich und füllt den gesamten Raum aus, den der Baum samt seiner Krone einnimmt. Die gesamte Schwingungsqualität wandelt sich, sobald du anfängst, die Welt aus der Perspektive dieses Baumes zu betrachten. Schau, wie du mit Hilfe deiner Zweige in die Welt hinausgreifst und wie deine Wurzeln tief ins Erdreich hineinreichen, um dir Halt zu geben.

Laß dein Bewußtsein in die Verzweigungen deines Wurzelsystems hineingehen und ihnen folgen, wobei du zuerst die flacheren Wurzeln bemerkst, die sich in Bodennähe ausbreiten, um deinen Bodenkontakt zu verstärken. Finde dann eine tiefe, wasserführende Wurzel, die tief in die Erde hineinreicht, und folge ihr. Spüre, wie die Wurzel verschiedenen Hindernissen ausweicht oder durch sie hindurchgeht. Achte auf die verschiedenen Bodenschichten, die Felsen und Mineralien, an denen du vorbeikommst, und auf die vielfältige Beschaffenheit des Untergrundes. Du kannst möglicherweise sogar einige Kristalle sehen, die am Wege glitzern und leuchten, wenn die Erde immer dichter und dunkler wird...

Die Erde wird feucht, und du kommst an eine Quelle. Greife mit den feinen Ausläufern an den Wurzelspitzen aus und ziehe das lebensspendende Wasser in dein Wurzelsystem. Spüre, wie das Wasser des Lebens in dir aufsteigt, wenn es durch deine Fasern fließt. Erst steigt es durch die Wurzeln, zurück durch die Kanäle, denen du bis in die feinsten Verästelungen gefolgt bist, und schließlich über die Erdoberfläche in deinen Stamm. Laß dein Bewußtsein mit dem Naß aufsteigen, deinen Stamm hinauf bis in die Höhen deines Astwerks und hinauf durch alle Zweige bis in die Spitzen und in die Blätter oder Nadeln...

Aus dieser neuen Perspektive kannst du spüren, wie der gesamte Baum vibriert. Ein sanfter Wind bläst durch den Wald und raschelt durch deine Krone. Tanze im Wind. Hör auf sein Lied. Mach dir bewußt, wie der Baum mit seiner Umwelt in Verbindung tritt... Spüre, wie du den Prozeß der Photosynthese erlebst, während die Sonne auf dein Grün herabscheint.

Richte deine Aufmerksamkeit wieder auf den Stamm, dort, wo du deine Mitte in vollkommenem Gleichgewicht der Kräfte und in voller Beweglichkeit findest. Das gibt dir die Kraft, stark im Sturm zu stehen, der von Zeit zu Zeit durch diesen Wald bläst.

Behalte dein Gefühl des vollkommenen Gleichgewichts bei, während du aus deinem Baum wieder hinaustrittst, zurück in deine menschliche Gestalt. Thot ist bei dir, um an deinem Erleben teilzuhaben. Wenn du genau hinschaust, merkst du, daß der Baum jetzt, nach der Begegnung mit dir, gesünder und kräftiger aussieht. Vielleicht möchtest du ein Geschenk für deinen Baum hinterlassen, bevor du wieder zurückkehrst...

Thot wird dich durch deine Krone wieder zurück in deinen Körper führen. Achte darauf, ein paarmal die Erdungsatmung durchzuführen, um sicherzustellen, daß du vollständig mit deiner physischen Gestalt verbunden und in ihr zentriert bist, bevor du die Augen wieder öffnest...

ROSE

Selbstvervollkommnung
Öffnung des Herzens

Die unbestrittene Königin aller Blumen, die Rose, ist von unvergleichlicher Schönheit, von medizinischem Nutzen und wird wegen ihres Duftes und ihres köstlichen Geschmacks geschätzt. Im Mittelalter stellte man aus gepreßten Rosenblättern «Rosenkränze» her.

Weniger bekannt ist die Assoziation der Rose mit dem Tod. In der Schweiz nennt man Friedhöfe auch «Rosengärten», um nicht nur den Tod, sondern auch die Wiedergeburt und die Auferstehung zu symbolisieren. Im antiken Rom wurden Grüfte von Rosen überwuchert und Gräber mit ihnen bepflanzt.

Der Ausdruck *sub rosa* war im antiken Rom, Griechenland und in Persien gebräuchlich, wo man bei Ratsversammlungen als Zeichen der Verschwiegenheit eine Rose über der Tür anbrachte.

Die Rose wird häufig mit dem Herzen in Verbindung gebracht, und ihre Essenz wird mit der Liebe gleichgesetzt. Dieser Aspekt spielt bei der Reise mit der Rose eine wesentliche Rolle, denn es ist wichtig für die Entwicklung des Menschen, ein offenes Herz zu haben und zu erhalten. Diese Reise ist dazu da, das Bedürfnis jedes Menschen nach der Erkenntnis seiner eigenen Schönheit und Vollkommenheit zu erfüllen.

Alle, die mit der Rose reisen, werden dadurch die Gelegenheit haben, die Öffnung ihrer Herzen zu erleben, wenn die Blütenblätter der Rose sich entfalten, um ihre Essenz zu enthüllen, die Essenz der Liebe.

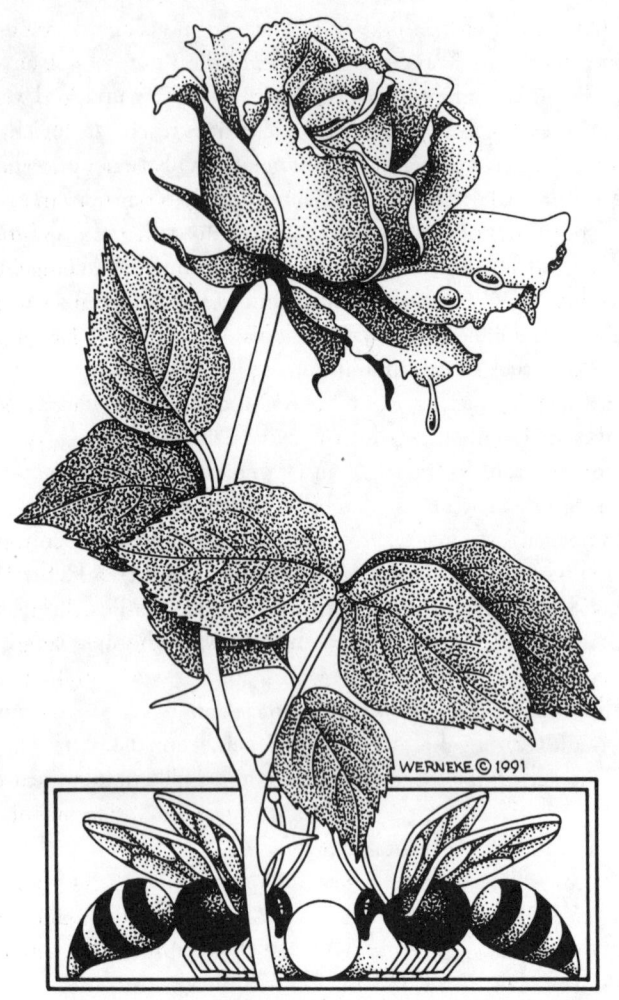

WERNEKE © 1991

Rosenreise

(Diese Reise hat eine andere Alchemie, daher solltest du sie so durchführen, wie im folgenden beschrieben.)

Erde dich, finde deine Mitte mit Hilfe deines Atems und schick soviel Liebe zu deiner Herzflamme, wie du kannst, um sie für die Alchemie zu kräftigen und hell auflodern zu lassen... Achte auf deine Krone als Tor deines Bewußtseins. Dein Kessel ist golden, und die Flüssigkeit darin rosa. Wenn du das rosa Wasser in deinem goldenen Kessel aufrührst, steigt es auf und trifft auf die Flamme in deinem Herzen. Während das Wasser sich in Dampf verwandelt, erzeugt es eine Fontäne aus rosa Nebel. Laß dein Bewußtsein in dem Dampf aufsteigen und wie eine Fontäne aus deiner Krone hinausschießen... Du wirst vollkommen von dem rosa Nebel eingehüllt. Du spürst die Gegenwart Thots, selbst wenn du ihn in dem rosa Nebel nicht sehen kannst. Fühle die Sanftheit des rosa Nebels und genieße es, von ihm eingehüllt zu sein.

Aus dem rosa Nebel steigt eine Rosenknospe. Vielleicht ist es eine einstielige Rose, vielleicht auch ein ganzes Bukett. An den kräftigen, grazilen Stielen hängen glänzende grüne Blätter. Spitze Dornen verleihen der Rose eine schützende Aura.

Die Sonne bricht durch den rosa Nebel und läßt die Tautropfen auf Blättern und Blüten erglänzen. Während die warmen Strahlen der Sonne den Nebel allmählich auflösen, entfalten sich langsam die Blütenblätter der Rose. Es gibt eine direkte Verbindung zwischen dieser Rose und deinem Herzen, und mit dem Entfalten jedes einzelnen Blütenblattes kannst du spüren, wie sich dein Herz öffnet... *(Pause)*

Während sich diese herrliche Rose allmählich entfaltet, geht von ihr ein köstlicher Duft aus, der Gefühle von Vollkommenheit, Schönheit und Liebe entstehen läßt...

Nimm dir einen Moment Zeit, um die Schönheit und Vollkommenheit dieser Rose zu würdigen... Während du tief einatmest und ihren Duft in dich aufnimmst, läßt du dich von ihrer Essenz ganz und gar bis in den Kern deines Wesens durchdringen...

Eine Verschmelzung findet statt, und du vereinigst dich mit der Rose. Du spürst, wie es ist, eine Rose zu sein... Fühle die Sinnlichkeit des Sonnenscheins auf deinen geöffneten Blütenblättern. Spüre den sanften Wind, der über deinen Körper streicht und jede Zelle berührt. Du strömst über vor Liebe für diese Rose. Alle deine Sinne sind geschärft, und du merkst, daß du dich in einem Garten befindest. Dein Gehör ist so fein geworden, daß du das pulsierende Leben dieses Gartens hören kannst. Das konstante Summen um dich herum entpuppt sich als der Flügelschlag einer Honigbiene, die dich besucht, durch das offene Herz deiner ausgestreckten Blütenblätter in dich eintritt und ihren Pollensammeltanz vollführt... Empfange die Botschaft dieser kleinen Partnerin im immerwährenden Tanz des Lebens. In ihr steckt eine Lehrerin der Ekstase und der inneren Schönheit... *(Pause)*

Laß deine Aufmerksamkeit von der Blüte nach unten wandern, bis zum Wurzelsystem deines Rosenstrauchs. Deine Wurzeln sind stark und reichen tief in die Erde. Sie halten dich sicher an deinem Ort, aus dem du deine Nahrung beziehst. Spüre trotz aller Ekstase und Freude, die du erlebst, deine Erdverbundenheit...

Werde dir der Gegenwart Thots bewußt. Er hilft dir auf dem Rückweg in dein gewöhnliches Bewußtsein durch eine allmähliche Verwandlung, die dir erlaubt, deine Gefühle von Vollkommenheit und Schönheit in deine physische Gestalt einzubringen. Während du den Rosenkörper wieder gegen deinen gewöhnlichen menschlichen Körper eintauschst, behältst du deine normale Größe bei, während die Rose immer kleiner wird, bis sie in dein Herzzentrum paßt, wo sie weiterhin ihren köstlichen Duft verströmt.

(Achte darauf, dich zu erden und völlig in deinen physischen Körper zurückzukehren...)

ADLER

Entscheidung

Der Adler ist ein mächtiges Symbol von Würde und Scharfsinn. Indianern gilt er als die höchste Ausdrucksform des Geistes. Adlerfedern sind sehr wertvoll. Sie symbolisieren Aufrichtigkeit und gelten als heilig, und ihr Gebrauch ist verschiedenen Heil- und anderen Zeremonien vorbehalten. Einen Adler zum Verbündeten zu haben, heißt, mit der Schärfe des Adlerauges sehen zu können.

Im Zusammenhang mit dem goldenen Kessel macht der Adler den Weg frei für Entscheidungen. Wenn du mit ihm fliegst, kannst du deine verschiedenen Möglichkeiten betrachten und Entscheidungen im Leben treffen, die auf dem Scharfblick und der erhabenen Perspektive des Adlers beruhen.

Immer wenn du das Symbol der Flügel siehst, wie bei der geflügelten Sonnenscheibe der Ägypter oder dem Symbol des goldenen Kessels, steht dies für unser Höheres Selbst, unser elterliches Über-Selbst, das sich in vollkommener Balance befindet (zum Fliegen braucht es *zwei* Flügel) frei von allen Bindungen an unseren physischen Körper. Unser Höheres Selbst ermöglicht uns einen umfassenden Überblick, der erweiterten Perspektive des Adlers vergleichbar. Mit den Augen des Adlers sehen wir die Welt von einer höheren Warte und in weitaus größerer Klarheit.

Auf dieser Reise hilft der Adler uns eher bei der Wahl unserer Ziele, weniger bei ihrer Durchsetzung. Falls du Schwierigkeiten haben solltest, dich für ein bestimmtes Ziel zu entscheiden, oder zu viele Ziele vor Augen hast, schenkt dir der Adler die Kraft herauszufinden, was gut für dich ist, und die anderen Möglichkeiten zu verwerfen. Der Adler kann dir die Sicht deines Höheren Selbst auf alle Situationen in deinem Leben vorführen, die deines Scharfblicks bedürfen.

Der Adler, den ich am häufigsten konsultiere, ist ein Fischadler,

WERNEKE © 1991

der über einem breiten Fluß kreist, in dem es von den verschiedensten Fischen nur so wimmelt. Er wählt den Fisch aus, den er verspeisen möchte, legt seine Flügel an, schießt hinab und ergreift seine Beute. Oder der Adler zeigt dir vielleicht verschiedene Möglichkeiten für die Lösung der Situation, die dir Kummer macht.

Der Adler segelt hoch in den Lüften und betrachtet seine verschiedenen Möglichkeiten. Aus dieser bevorzugten Perspektive faßt er mit vollem Herzen sein Ziel ins Auge. Alle Möglichkeiten sind im Prinzip gleichwertig, denn was er auch wählt, es geschieht, was geschehen muß. Wenn du mehr willst, solltest du deshalb deine vorangegangene Wahl nicht schlechtmachen. Sei mit dem, was du gewählt hast, zufrieden, um dir nicht den Weg einer Weiterentwicklung zu verbauen. Du kannst immer wiederkommen, um neue Möglichkeiten auszuprobieren.

Es empfiehlt sich, nach der Reise zum Adler einen Besuch beim Elefanten anzuschließen, der dir helfen kann, die getroffene Wahl zu verwirklichen.

Die Adlerreise

(Führe die Alchemie durch...)

Um mit dem Adler zu reisen, mußt du dich in seinen Lebensraum begeben. Thot weist dir den Weg zu einem hohen Felsen, an dessen Abhang sich im Geäst eines alten, knorrigen Baumes der Adlerhorst befindet. Du mußt auf den schroffen Felsen klettern und auf einem der Äste, die das Nest tragen, Halt finden. In dem Nest hockt ein imposanter erwachsener Adler. Du schaust ihm tief in die Augen und drückst dabei im stillen dein Anliegen aus. Dein Wunsch kommt von Herzen, und du bittest um die Vision dessen, was du sehen willst, oder bringst dem Adler gegenüber zum Ausdruck, was dein Ziel auf dieser Reise ist. Sag dem Adler, daß du eine Entscheidung treffen willst und Hilfe brauchst, um die verschiedenen Möglichkeiten, die dir zur Verfügung stehen, abzuwägen. Mach dich auf eine Überraschung gefaßt...

Während du auf dem Ast stehst, der das Nest hält, verwandelst du dich allmählich in einen Adler. Deine Füße werden zu Krallen, mit denen du dich besser an dem Ast festhalten kannst. Du hast Schwanzfedern, die dir helfen, dein Gleichgewicht zu halten. Während du die Gestalt eines Adlers annimmst, beginnst du dich immer wohler zu fühlen – von den Schultern an abwärts durch die Arme. Du hebst erst einen der beiden großen Adlerflügel, streckst ihn und fühlst, wie sich die kräftigen Federn spreizen ... Dann öffnest du den anderen Flügel, fächerst ihn kurz auf und legst ihn dann wieder eng an. Putze dein Gefieder und schmiege deinen neuen Schnabel in die Daunen deiner Brust. Lockere die Federn im Nacken und an den Schultern und fühle die kleinen spitzen Federn auf deinem Kopf. Während dieser Metamorphose erlebst du alle Stadien der Entwicklung vom eben flügge gewordenen Adlerküken bis zum erwachsenen Adler.

Schau von deinem Horst aus auf den Fluß unter dir. Er liegt so weit unter dir, daß er wie ein schmales Band erscheint. Zwischen dir und dem Fluß ist nichts.

Ein sanfter Wind bläst in dein Gefieder und wiegt dich leicht hin und her. Langsam entfaltest du deine Flügel, spannst sie nach beiden Seiten auf und breitest sie langsam zu großen Fächern auf ... Die leichte Brise hat nun richtig Kraft bekommen, und du mußt dich gut an deinem Ast festhalten, um nicht fortgetragen zu werden. Löse deine Krallen vom Ast und laß den Wind dich anheben. Du wirst einen Moment brauchen, um dich in der Luft wohl zu fühlen, doch schon bald fängst du dich im Wind und beginnst herrlich zu segeln, genießt die Freiheit des Fliegens ...

Der Adler, der im Nest saß, hebt ebenfalls ab und nimmt sich die Zeit, dich in die Kunst und die Lust des Fliegens einzuführen. Laß angesichts des neuen, erweiterten Horizontes alle Bedenken und Sorgen von dir abfallen, während sich die Landschaft vor dir ausbreitet. Folge deinem Adlerpartner, während er auf den weiten Horizont zusegelt ...

Achte auf die Erde unter dir, auf die Details der Landschaft, die Tageszeit und die Richtung, in die ihr fliegt ...

Atme fünfmal tief durch und halte den letzten Atemzug. Atme ganz langsam wieder aus, während du mit deinem Freund am Ziel ankommst...

Dein Partner gibt einen lauten Schrei von sich. Deine Ohren klingen, als der Ton in deinem ganzen Körper widerhallt. Halte deinen Atem, solange du kannst, während du schwingend, schwebend in der Luft stehst... Blase die Luft langsam aus und schau nach unten. Die Erde scheint weit entfernt, doch mit deinen Adleraugen siehst du ganz klar. Atme in langsamen, langen Zügen, während du die entfernte Landschaft betrachtest.

Deine Adleraugen sind wie ein Fernglas, durch das du Gegenstände und Symbole erblickst, die deine Situation und die verschiedenen Möglichkeiten, mit denen du konfrontiert bist, repräsentieren. Vielleicht gibt es verschiedene Arten, damit umzugehen. Gebrauche alle deine Sinne, um die Alternativen, die sich dir bieten, auszuloten. Das Adlerauge bemerkt den Unterschied: Du kannst mit den Augen vorfühlen und in die Zukunft schauen, um zu sehen, welche der gegebenen Möglichkeiten deiner Zukunft am angemessensten ist.

Schau dich in Lüften schwebend nach der Möglichkeit um, die dir am angemessensten erscheint und dir am meisten Freude und Zufriedenheit verspricht. Wenn du eine Möglichkeit entdeckst, die du gern ausprobieren würdest, merke sie dir. Konzentriere dich ganz auf diese Möglichkeit und atme fünfmal tief und kräftig durch...

Beim letzten Ausatmen gehst du in den Sturzflug über. Spüre, wie du schneller herabschießt, als du dir dies jemals hättest träumen lassen. Fühle den Wind an deinem Gefieder zerren, während du mit voller Geschwindigkeit und der Majestät eines Adlers hinunterstürzt. Ergreife das Symbol deiner Wahl mit deinen Krallen und presse es an dein Herz. Während du dich wieder in die Höhe schwingst, hältst du das Symbol an deiner Brust, läßt es mit deinem Herzen verschmelzen und eins mit dir werden.

Du fliegst zurück zu deinem Horst in eine Zukunft deiner Wahl. Achte auf mögliche Veränderungen in der Landschaft unter dir.

Solange du den Scharfblick des Adlers besitzt, solltest du so viele Details aufnehmen, wie du kannst. Immer wenn du deinem Adlerfreund folgst, ist es klar, daß deine Wahl dich zufrieden und stark macht, und du kannst ganz beruhigt sein.

Der Adler kehrt mit seiner Beute in sein Nest zurück und verspeist sie dort, teilt mit seiner Familie. Dies ist eine gute Gelegenheit, zur Unterstützung des Adlers ein spirituelles Nahrungsopfer zu bringen.

Höre, was der Adler dir sonst noch mitzuteilen hat...

Noch während du auf dem Ast vor dem Adlerhorst hockst, verwandelst du dich zurück in deine menschliche Gestalt... Du kletterst wieder den Felsen hinab, aber behältst deine erweiterte Sichtweise und den inneren Frieden, den du verspürt hast, als du deine Wahl trafst und entgegennahmst, was dir offenbart wurde. Wenn du auf den Pfad zurückkehrst, auf dem Thot wartet, sprich mit ihm und frage ihn, wie er deine Situation sieht.

(Thot hilft dir dabei, in deinen Körper zurückzufinden...)

ELEFANT

Manifestation
Problemlösung

Alles auf diesem Planeten, sämtliche Lebensformen, werden aus dem Element Erde geboren. Daher der Name «Mutter Erde». Der massige Elefant ist das irdischste aller Tiere. Er versteht die Schöpfung wie kein anderer. Der Elefant hat ein großes Herz, und er versteht es deshalb so gut, an der Schöpfung teilzuhaben, weil er sich auf dem Pfad des Herzens bewegt. Die Reise mit dem Elefanten lehrt uns, wie wir das, was wir in der materiellen Welt wünschen oder brauchen, verwirklichen.

Die Hindus haben eine Gottheit namens *Ganesha*, der Sohn Shivas. Ganesha ist dafür verantwortlich, daß der Elefant einen Platz im goldenen Kessel hat. Sein Wesen ist von königlicher Klugheit, und wenn du in seine Gegenwart kommst, nimmt er alle Last von dir und hilft dir, durch sämtliche Schwierigkeiten hindurch den Pfad zu finden. Er ist der Herrscher über Erfolg und Problemlösung, und wo er ist, herrschen Ruhe und Frieden. Wenn du eine große Aufgabe zu bewältigen hast, ruf Ganesha an, und er wird dir helfen, die Lösung geistig zu bewältigen und vorwärtszukommen – Schritt für Schritt und mit kluger Weitsicht. Er wird dir helfen, für alle deine Sorgen eine Lösung zu finden. Du kannst diese Reise mit Ganesha dazu benutzen, deine Ziele zu verwirklichen und deine Probleme zu lösen.

Das Beste ist, du hast eine bestimmte Absicht vor Augen, wenn du dich auf diese Reise begibst. Wähle ein Ziel oder ein Problem, um daran zu arbeiten. In seiner Elefantengestalt kann Ganesha dir helfen, die Dinge, die du im Leben brauchst, zu verwirklichen. Du kannst dich auf langfristige oder auch auf kurzfristige Ziele konzentrieren. Erst durch die Verwirklichung deiner Wünsche, Bedürfnisse und Sehnsüchte kannst du ungehindert durch Hoffnungen

und Sorgen der Gegenwart in die Zukunft schauen. Lerne vom Elefanten, wie du bekommst, was du wünschst, und dann schau, was hinter dem Horizont deiner Erwartungen liegt. Es ist möglich, in die Zukunft zu schauen und aus der Zukunft heraus mit einer erweiterten Perspektive und der Weisheit der Rückschau die Fragen von heute zu sehen.

Die Reise besteht aus zwei Teilen. Der erste hilft dir, die unmittelbaren Schritte zu sehen, die du gehen mußt, und der zweite, eine klare Sicht deines letzten Zieles zu bekommen. Mit dem Elefanten lernst du, die Erde, auf der du stehst, zu lieben und zu feiern.

Elefantenreise

(Führe die Alchemie des Kessels durch...)

Thot weist dir den Weg zu einer nächtlichen Landschaft in Indien. Das erste, was du siehst, sind die Augen eines Elefanten – groß, intelligent und bereit, dir deine Last abzunehmen. Du schaust dem Elefanten in die Augen und erzählst ihm dein Problem oder dein Vorhaben... Seine ganze Gestalt erscheint, und dein Blick schweift über den sternenübersäten Nachthimmel, an dem der Vollmond steht. Du spürst die Erde, auf der du stehst. In der Entfernung erklingt der Rhythmus von Zimbeln und stampfenden Füßen.

Du bist ins Reich von Ganesha, dem Elefantengott, eingetreten, in dem alle Lasten leicht werden. Der Elefant geht in die Knie, und du kannst ihn besteigen. Setz dich bequem hin, die Arme seitwärts ausgebreitet. Halte deine Hände so, daß der Daumen den Fingernagel des Zeigefingers bedeckt. Du sitzt ganz aufrecht, die Brust ist weit, der Kopf im Nacken.

Der Elefant trägt dich auf einem gemächlichen Ritt durch die Natur. Stell dir vor, sein Kopf kommt aus deiner Brust, während du von einer Seite zur anderen schwankst, in Form einer Acht, dem Zeichen der Unendlichkeit... Reite mit deinem Elefanten durch den dichtesten Busch, durch Wälder, durch Dschungel. Du weißt, daß es kein Hindernis gibt, das ihr nicht gemeinsam überwinden könnt. Paß gut auf, denn der Elefant zeigt dir, wie du jeden Schritt zu nehmen hast, während du weiter hin und her schwankst...

Du folgst deinem Herzenswunsch und läßt dein Denken den richtigen, ausgeglichenen Pfad nehmen. Während du mit dem Elefanten gemeinsam schwankst, die Brust voraus, fühlst du, wie das Herz des Elefanten dein eigenes ist. Dein Herz verschmilzt mit dem des Elefanten und beginnt sich auf natürliche Weise zu öffnen...

Der Morgen dämmert, und mit beginnender Helligkeit beginnst du ein Gefühl für die Schritte zu bekommen, die du jetzt unternehmen mußt, um dein Problem zu klären und deine Ziele zu verwirklichen. Der Elefant, auf dessen Rücken du einherschwankst, macht dir den Weg frei. Sobald du den Gipfel des Berges erreicht hast, ist dein Herz weit geöffnet. Du bist mit dem Elefanten verschmolzen, eins mit ihm geworden.

Schau von deinem neuen Aussichtspunkt auf dem Gipfel des Berges mit Elefantenaugen zu deinem neuen Horizont. Du schwankst nicht mehr. Fühle deine Liebe für Mutter Erde, während du dem Sonnenaufgang entgegenblickst. Der erste Sonnenstrahl erscheint *und berührt dein Drittes Auge*. Laß während des gesamten Sonnenaufganges das Sonnenlicht mit voller Kraft in dein Drittes Auge eindringen...

Weite deine Brust, öffne deine Arme mit nach oben geöffneten Handflächen. Während sich vor deinem Auge der neue Horizont eröffnet, atme fünfmal tief durch. Mit jedem Atemzug durch die Nase lehnst du dich weit zurück, um anschließend durch den Mund auszuatmen, während du dich nach vorne beugst...

Am Ende des fünften Atemzuges kannst du dich auf den Bauch legen und mit dem Dritten Auge den Boden berühren, oder du legst dich auf den Rücken. Bleib ruhig liegen. Laß dich nach deinem letzten Ausatmen einfach treiben und laß alles gehen, wie es will. Während du davontreibst, entspanne dich und genieße alles, was auf dich zukommt. Laß deine Phantasie dich in die Zukunft forttragen. Der Elefant hat dir den Weg freigemacht und gezeigt, wo es langgeht. Nun hast du die Möglichkeit, auf Erkundungsfahrt zu gehen. Fliege dem Horizont entgegen. Blicke über deine Erwartungen hinaus. Bleibe so lange in diesem Zustand, wie es angenehm für dich ist... *(Lange Pause)*

Um wieder zurückzukommen, denke an die Augen des Elefanten. Er wird dort sein, wird auf dem Gipfel sitzen, und du in seinem Schoß, zwischen seinen Beinen, die zu den Säulen deines persönlichen Tempels werden...

Als Geschenk an den Elefanten kannst du ein Gebet oder einen Segenswunsch zur Heilung eines Problems auf der Erde aussprechen...

Wenn du nun auf deinem Pfad im Licht des neuen Tages zurückkehrst, gibt es keine Hindernisse mehr. Thot begegnet dir auf dem Weg und bleibt eine Weile bei dir, um an deinem Erlebnis teilzuhaben...

(Thot wird dir den Weg durch die Krone zurück in deinen Körper zeigen. Vergiß nicht die Erdungsatmung und achte darauf, daß du vollständig in deiner Mitte und mit deiner physischen Gestalt verbunden bist, bevor du die Augen wieder öffnest...)

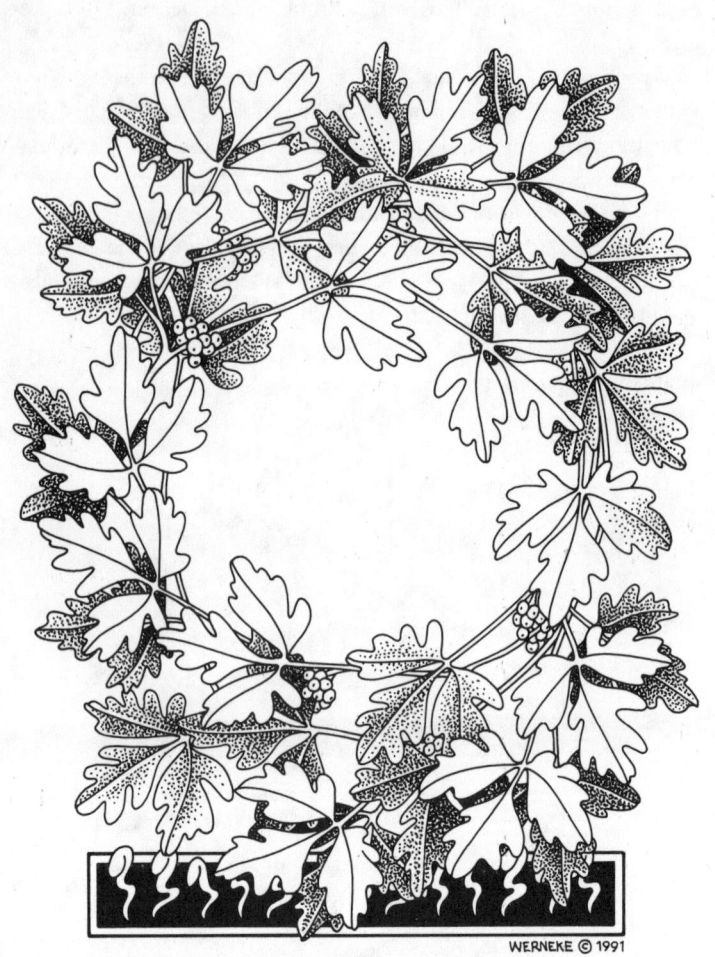

WERNEKE © 1991

GIFTSUMACH

Schutz

Giftsumach ist eine unscheinbare Pflanze mit einem stark hautreizenden Gift, die hauptsächlich an geschädigten Orten (vorwiegend in Nordamerika) wächst. Auf natürliche Weise schafft sie eine schützende Zone um sich herum, die es der Erde erlaubt zu heilen. Alle, die es in der Umgebung dieser Pflanze an nötigem Respekt und Vorsicht fehlen lassen, müssen anschließend die unangenehmen Konsequenzen tragen.

Giftsumach jagt vielen Menschen eine gehörige Angst ein, und das zu Recht. Jeder, der schon einmal die schlimme Vergiftung erlitten hat, wird dieser Pflanze von da an erheblichen Respekt entgegenbringen. Diese Reise ist nicht dazu gedacht, die allergischen Reaktionen auf Giftsumach zu lindern. Statt dessen kann sie dabei helfen, dich deiner Umwelt anzupassen und sie in den Griff zu bekommen.

Im Zusammenhang mit dem Kessel bietet der Giftsumach persönlichen Selbstschutz für empfindliche und sanfte Menschen. Wenn du diese Reise einmal unternommen hast, kannst du dich immer wieder sehr schnell in sie hineinversetzen, um eine Aura der Kraft und des Respekts um dich herum zu erzeugen.

Die Giftsumachreise

(Begib dich durch die Alchemie zu Thot...)
Während Thot dich durch einen Vorhang oder ein Tor geleitet, verwandelst du dich schlagartig in ein kleines Samenkorn. Es ist, als wärest du von einer sanften Brise in die Luft gehoben und umhergewirbelt worden. In einem kurzen windstillen Augenblick fällst du herab, und dein Gewicht versenkt dich in die Erde...

Dein Samenkorn ist umhüllt von dunkler, feuchter Kühle. Feuchtigkeit dringt in den erdgeborenen Samen ein, und du kannst spüren, wie du dich allmählich in einen Keim verwandelst. Schon bald treibst du deine Wurzeln tief ins Erdreich. Durch das Gewicht und die Energie deiner tiefgreifenden Wurzeln kann sich deine Krone erheben und dein Stamm sich kräftig entwickeln. Du windest und streckst dich langsam, drehst dich im Uhrzeigersinn um alles, was dir im Wege ist, und wächst allmählich in die Höhe. Noch ist es Winter, und dein Wachstum vollzieht sich so langsam, daß du den dunklen Mantel deines Winterschlafs verspüren kannst, selbst wenn du nun schon eine beachtliche Größe erreicht hast. Du merkst, wie braun deine Borke ist, wie brüchig deine Zweige, und wie wenig Grün du trägst, während du dich entwickelst und heranwächst.

Spüre die Wärme der Sonnenstrahlen auf deinen Zweigen und fühle, wie die kräftigen Säfte in dir aufsteigen, durch die Wurzeln und hinauf durch den Stamm deines Körpers. Wenngleich deine Gestalt noch etwas dünn und spärlich erscheint, fühlst du doch den Saft nach oben drängen, bis in die äußeren Extremitäten, und von innen gegen deine Borke drücken. Während das Gift in dir sich nach außen bewegt, öffnen sich deine Chakras. Es ist Frühling geworden, und du fühlst, wie du vor frischem Grün fast explodierst. Saft, Wasser und Licht tragen zur Beschleunigung deines Dranges nach Erblühen bei. Das neue Wachstum, das in dir erwacht ist, ist voll, grün und weich, und steht in scharfem Kontrast zu deinem bisherigen Körper, der borkig, hart und mager ist. Nun birst du fast vor Lebenskraft und Energie...

Du spürst die Energie aus der Erde, aus der du deinen inneren Halt gewinnst, während die kräftigen Säfte dicht bis in deine Blattspitzen fließen, die so voll werden, daß sie sich kräuseln. Deine Blätter glänzen und vibrieren, erfüllt von der Kraft der sommerlichen Sonne. Sie färben sich rot, und der Saft, der durch ihre Adern fließt, fühlt sich an wie Blut. Das Rot deiner Blätter ist dunkel wie Granat. Immer dicker werden deine Säfte, immer stärker, und sie beginnen, dich mit einer strahlenden Aura zu umgeben...

Ein Gefühl der Macht umschließt deinen Bereich, denn die starken Säfte beleben dich schlagartig und verleihen dir die Sicherheit, daß deine Energie vollständig ist, daß du eine Ausstrahlung besitzt, die wie ein undurchdringlicher Schutzschild wirkt... Erfreue dich an dem Gefühl des Schutzes, das dir dieses umgebende Kraftfeld gewährt...

Du hast Gelegenheit, mit dem Geist des Giftsumachs in Kontakt zu treten, und erhältst eine spezielle Unterweisung in der Kunst des Selbstschutzes und der Abwehr... *(Lange Pause)*

Es ist Herbst geworden, Zeit, den Zyklus zu vollenden und zurückzukehren. Dein Zauber hat sich als Energie in die Luft verteilt sowie in die Samenkörner deiner Beeren, die zu Boden fallen. Lege dein Bewußtsein in eine dieser Beeren. Wenn sie zu Boden fällt, ist es ein Ende und gleichzeitig ein Neuanfang. Ebenso ergeht es dir, wenn du dich selbst losläßt und zurück in deinen Körper fällst.

Thot ist da, um das, was du erlebt hast, mit dir zu besprechen. *(Thot wird dir zurück in deinen Körper helfen...)*

DRITTER TEIL

Reisen des Erwachens

*Die folgenden Reisen eröffnen dir ungeahnte Mög-
lichkeiten eines erweiterten Bewußtseins, sie öffnen
dir die Tore zu einem neuen Verständnis. Genieße
diese Momente und erwirb mit ihnen für die Zukunft
die Möglichkeit, diese Reisen als Meditationen, als
Katalysatoren für neues Handeln und Wachstum in
deinem Leben zu benutzen*

WERNEKE © 1991

NILPFERD

Wiedergeburt

Das Nilpferd ist die Hebamme des goldenen Kessels. In Ägypten gilt sie als die Göttin Tarät (Taueret), der gute Geist aller Geburten. Man kann sie an den Tempelwänden erkennen, wie sie jeden Morgen, nachdem die Sonne ihre Reise durch die Unterwelt beendet hat, bei ihrer Wiedergeburt Geburtshilfe leistet.

Im Grab des Tutenchamun gab es drei Lagerstätten. Die erste war das Lager des Nilpferds, welches die Geburt in eine physische Form symbolisierte. Die zweite war das Lager der Kuh, das dem Zugang zur Astralebene entspricht. Die dritte gehörte dem Löwen, der mit der Geburt des Sternenkörpers zu tun hat.

Talismane der Tarät wurden als Fruchtbarkeitsbringer getragen, ebenso wie während der Geburt. Im Gegensatz zu klassischen ägyptologischen Deutungen, die sie häufig als Triumph des Bösen und der Missetat proträtieren, habe ich Tarät immer als barmherzig, sinnlich und voller wunderbarer Weisheit und Anteilnahme erlebt.

Die Nilpferde sind aus Ägypten verschwunden, wo sie entlang des Nils zwischen dem ebenfalls ausgestorbenen Lotus gediehen. Ausgerottet wurden sie wegen ihrer Zähne, die wegen des nicht vergilbenden Elfenbeins so geschätzt wurden. Nilpferdhaut ist extrem dick, doch ziemlich empfindlich gegen die Sonne. Angeblich brauchte es sechs Jahre, um die Haut dieses Tieres per Hand zu Leder zu gerben. Das Leder ist so hart, daß man damit Diamanten schneiden kann. Das ist vielleicht der Grund, warum man in Mesopotamien Nilpferdleder verwendete, um Keuschheitsgürtel herzustellen.

Manchmal schimmert die Haut der Nilpferde bläulich. Daher wurden sie in der ägyptischen Kunst häufig blau dargestellt. Wenn Nilpferde zu lange vom Wasser ferngehalten werden, sondern sie ein bläulich-purpurnes schweißähnliches Sekret ab.

Die Nilpferdkühe gebären ihre Jungen im Wasser, an Orten, an denen sie sich absolut sicher fühlen. Sie müssen an Stellen leben, an denen der Fluß nicht tief und die Strömung schwach ist, denn sie sind keine besonders guten Schwimmer, und eine Stromschnelle kann sie das Leben kosten.

Wenn du durch den goldenen Kessel reist, um Tarät aufzusuchen, hast du Gelegenheit, deine physische Geburt in Gegenwart einer Hebamme wiederzuerleben, die imstande ist, einen sicheren und geborgenen Ort für dich zu finden, an dem du gefahrlos eines der traumatischsten Ereignisse in deinem Leben nachvollziehen kannst. Wenn es dir gelingt, ein Geburtstrauma aufzulösen, eröffnen sich dir mit dieser Reise zahlreiche neue Erfahrungsbereiche. Möglicherweise kannst du deine Geburt in einem früheren oder parallelen Leben durchleben, oder Tarät kann dich lehren, die Geburt ekstatisch und freudig zu erleben, frei von den Schmerzen, die fast immer mit dem Geburtsprozeß verbunden sind. Jedesmal wenn du Tarät besuchst, wirst du beim Neueintritt in das Leben mit der Milch der Weisheit, der kostbaren Perle, gestillt.

Nilpferd-Reise

(Führe die Alchemie durch...)

Da du eine Reise an den Nil unternimmst, verwandelt sich Thot vielleicht in einen Ibis, der dir seine Heimat zeigt. Es ist in jener stillen, zauberhaften Stunde zwischen Nacht und Tag, kurz bevor das erste Licht des Morgengrauens den Horizont im Osten erhellt. Du wirst an einen Pfad am Fluß geführt. Die Trommeln, die du in der Ferne vernimmst, sind die Herzschläge von Mutter Erde. Warm und feucht umhüllt dich in sanfter Umarmung die würzige Luft. Du spürst den Tau, der sich in dem Gras auf deinem Pfad niedergeschlagen hat. Zwei Flamingos tauchen vor dir auf, die den Weg hinunter zum Fluß bewachen. Die umliegenden Berge schillern in demselben kräftigen, satten Rosa wie das der Flamingos.

Thot führt dich auf dem Pfad zum großen Fluß des Lebens, an dessen Gestade der Papyrus gedeiht. Du siehst, wie sich zwischen den Lotosblumen am Ufer die Nilpferde räkeln und im sanften Licht des Morgens genüßlich von dem üppigen Grün kosten. Du wirst zu einer der lieblichen Lotospflanzen geführt, von der du eine besonders gute Aussicht hast. Ein Hauch jenes verborgenen Duftes liegt in der Luft, den diese Blume nur dann verströmt, wenn sie von den ersten Strahlen wachgeküßt wird und ihre himmlische Krone öffnet. Fühle die Kraft und die Schönheit dieser kostbaren Blume.

Es ist warm hier und friedvoll. Du schaust über den Fluß und erkennst kaum noch die Silhouetten einiger Nilpferdköpfe mit ihren strahlenden kleinen Augen im Halbdunkel.

Um dir die Tiere näher anzuschauen, mußt du dem Stiel des Lotos folgen, hinab ins Wasser, bis zu den Wurzelfasern, die sich unter der Wasseroberfläche ausbreiten. Das Wasser ist warm, und du merkst, daß du in dieser Dimension sogar unter Wasser leicht atmen kannst. Du nimmst im Wasser ein eigenartiges Pulsieren wahr. Du spürst, daß Nilpferde in der Nähe sind, und merkst, daß das Pulsieren ihr Herzschlag ist, der sich auf das Wasser überträgt. Sie haben riesige Herzen.

Fühle, wie du dich mit einer der Nilpferdkühe verbündest. Such Augenkontakt mit ihr und bitte sie, bei dieser Geburt die Hebamme zu sein...

Um dich an deine physische Geburt zu erinnern und sie noch einmal zu durchleben, mußt du tiefer zur Wurzel des Lotos hinabtauchen und den Ausläufern folgen, die sich bis in den fruchtbaren Schlamm am Grunde des Nils hinein ausbreiten. Sie führen dich in der Zeit immer weiter zurück, bis in deine Kindheit, bis zu deinen frühesten Erinnerungen und weiter – bis zum Ursprung deines Lebens...

Du bist im Mutterleib – sicher, sanft gewiegt und umhüllt vom Fruchtwasser. Hier hörst du das gleichmäßige, beruhigende Schlagen des Herzens der Mutter. Solange der Herzschlag da ist, weißt du, daß du in Sicherheit bist, denn der Herzschlag ist der Rhythmus des Lebens... *(Pause, um dich in den Mutterleib hineinzuspüren)*

Du verspürst allmählich den Drang, geboren zu werden, das Licht der Welt zu erblicken. Mach dir während deines erwachenden Dranges zur Geburt klar, daß du eine bewußte Entscheidung triffst.

Wenn du nun deine Geburt aufs neue erlebst, tust du dies im vollen Bewußtsein der Wahl, die du getroffen hast: die Entscheidung für dieses Leben... (*Pause*)

Während du das Licht der Welt erblickst und deinen Lebenslauf von der Geburt bis in die Gegenwart verfolgst, hast du die Gelegenheit, deinen Mitmenschen zu vergeben, falls sie dir Ärger oder Schmerzen bereitet haben. In den Momenten, wo du geneigt bist, dich selbst zu verurteilen, verzeih dir statt dessen. Akzeptiere einfach, daß du ein wunderschönes, einzigartiges, erstaunliches menschliches Wesen bist. Nur durch Vergebung kannst du die Wunden deiner Vergangenheit heilen... (*Pause, um diesen Teil abzuschließen*)

Nun bewegst du dich wieder in der Zeit auf die Gegenwart zu, kommst durch die Lotosblume und merkst, wie du wieder von ihrer weit geöffneten Blüte aufgenommen und sanft geschaukelt wirst. Ihre zarte Farbe und ihr betörender Duft erzeugen ein wohliges Gefühl in dir. Schau dir die Nilpferde am Ufer an, wie sie fressen und in der Morgensonne spielen...

Nun, da du deine Geburt erlebt hast, erfreue dich des Lebens und schau zuversichtlich auf diesen Neubeginn...

Der Lotos löst seine Wurzeln, und die Strömung des Flusses trägt dich sanft und zielsicher den Strom hinab...

Der Fluß wird immer weiter und mündet in einer Meeresbucht. Hier, in der gemächlicheren Strömung, triffst du Tarät, deine Nilpferd-Hebamme, noch einmal. Sie winkt dir zu, du springst von deinem Lotosboot ins Wasser und schwimmst auf sie zu... Tarät öffnet ihr Maul, und da, direkt auf ihrer Zunge, liegt eine wunderschöne, leuchtende Perle. Sie hält dir die Perle entgegen... Du kannst sie selbst in den Mund nehmen und herunterschlucken, oder du legst sie an irgendeine Stelle in deinem Körper. Während du die Perle in dich aufnimmst, fühlst du, wie sich ihre Kraft und Helligkeit in deinem ganzen Körper ausbreiten...

Du kannst nun auf Taräts breiten Rücken steigen und dich von ihr ans Ufer bringen lassen. Möglicherweise trägt sie sogar ein Halsband, an dem du dich festhalten kannst...

Wenn Tarät dich am Ufer absteigen läßt, nimm dir einen Moment Zeit, um herauszufinden, ob sie noch eine Botschaft oder eine Anweisung für dich hat...

Wenn du möchtest, kannst du ihr ein Geschenk darbringen...

Thot ist da. Halte inne, um ihm dein Erlebnis zu erzählen...

(Thot wird dir nun zurück in deinen Körper helfen. Achte darauf, dich zu erden und deine Mitte zu finden...)

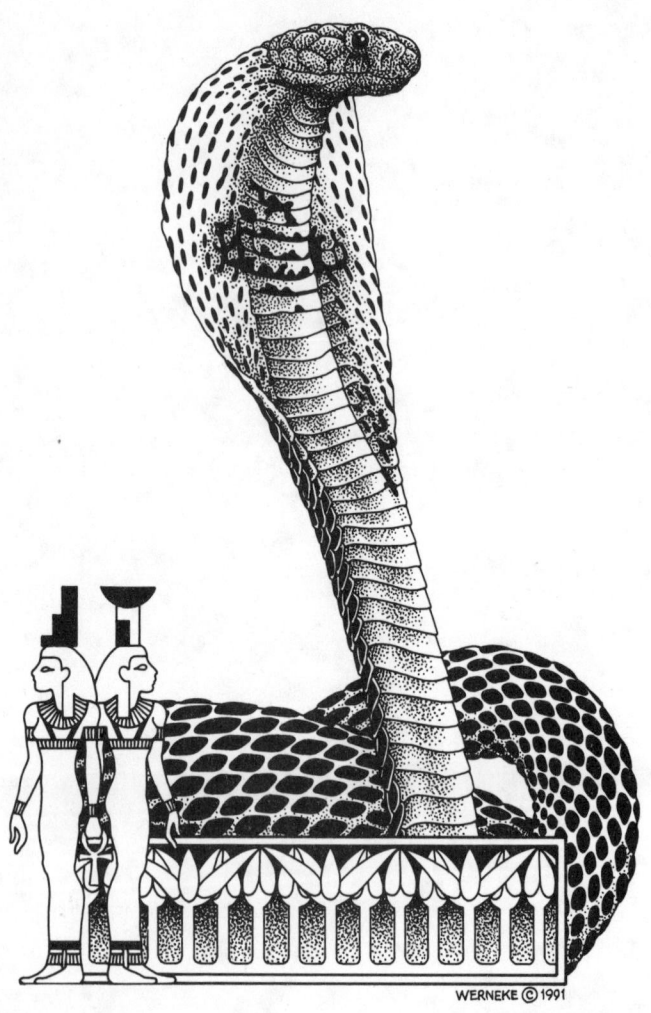

WERNEKE © 1991

KOBRA

Energien wecken

Die Kobra ist die Personifikation einer Kraft, einer Intelligenz. In Ägypten nannte man sie *Buto* oder *Uatchet* (oder *Udjat*). Uatchet heißt soviel wie «die Erweckerin». Kobras stellen die höchste Form der Schlangenenergie und Weisheit in Ägypten dar. Du kannst die Kobra auf der Krone des Pharaos sehen, wo sie Unterägypten und das tiefe oder verborgene Selbst symbolisiert – heute würde man sagen: «Unterbewußtsein» oder «das Unbewußte».

Die Uräuskrone, ein goldener Stirnreif mit einer Kobra als drittes Auge, ist ein mystisches Symbol, welches darauf hinweist, daß der Träger die Schlangeninitiation durchlaufen hat und erwacht ist. Einige dieser Kronen tragen auch zwei Schlangen, was auf eine weitere Einweihung hinweist, welche die beiden polarisierten Hälften der Schlangenenergie ins Gleichgewicht gebracht hat. Wenn ein Pharao diese Krone trägt, so sagt man, spuckt der Uräus Feuer in die Augen seiner Feinde.

In Ägypten war neben der Uräusschlange auch Uatchet eine Hieroglyphe für die «Göttin», und «Uräus» wurde später zu einem der beliebtesten geheimen Namen Gottes, die in antiken Papyri und mittelalterlichen Texten erwähnt werden. Die Göttinnen von Geburt und Tod, Isis und Nephthys, wurden mit der Doppelschlange, den Müttern des Lebens und des Nachlebens, identifiziert. Nur sie konnten der Seele durch den Abschnitt der Unterwelt helfen, der von den Schlangengottheiten bewohnt ist.

Als heilbringende Verbündete ist die Kobra sehr mächtig und unentbehrlich. Sie hat die Kraft, Krankheiten einfach zu verschlingen, Tumore und andere wuchernde Krankheiten zu fressen, denn Schlangen sind nicht so anfällig für Krankheiten wie wir. Während du deine Beziehung zu deiner neuen Verbündeten entwickelst, frage sie, ob und wann es angebracht ist, ihre Kraft auf diese Weise zu nutzen. In diesem Zusammenhang ist es interessant zu wissen, daß Kobragift, obwohl es tödlich wirken kann, in der Medizin auf vielseitige Weise Verwendung findet.

Wenn es Zeit ist, der Kobra ein Geschenk darzubringen, kannst du die Gelegenheit nutzen und ihr etwas schenken, was für dich keinen Sinn mehr hat, was du gern ablegen würdest, wie eine Krankheit oder eine negative Angewohnheit. Vergewissere dich aber, daß es etwas ist, was die Kobra gerade zu verspeisen bereit ist.

Das erste Mal, wenn du diese Reise unternimmst, wird die Kundalini, die traditionell als an der Basis der Wirbelsäule aufgerollte Schlange dargestellt wird, erweckt und erhebt sich. Die Folge davon ist, daß die Energie entlang der Wirbelsäule ungehindert fließen kann, was es dir ermöglicht, die universale Lebenskraft zum Zwecke der Heilung zunutze zu machen. Dein Herz steht mit deinem Höheren Selbst in Verbindung, und die Kobra kann einen direkten Weg von deinem Herzen zum kosmischen Bewußtsein schaffen.

Die Erweckung der Kundalini ist schon immer von einer Aura der Angst umgeben gewesen. Viele fürchten, sie könnten die Kontrolle verlieren, wenn diese starke Energie ohne die nötige geistige und körperliche Vorbereitung aufsteigt. Die Kobra steuert den Zuwachs an Offenheit und Weite je nach dem Entwicklungszustand desjenigen, der wegen dieser Initiation zu ihr kommt.

Es ist wichtig, sich bewußt zu sein, daß einige Initiationen nicht immer und für jeden das Richtige sind. Wenn du also das intuitive Gefühl haben solltest, lieber noch warten zu wollen, dann solltest du auf dein Gefühl hören. Du wirst merken, wenn die Zeit reif ist – wenn du dich in einem Zustand der psychischen und physischen Bereitschaft befindest.

Die Schlange ist das Zentrum deiner Lebenskraft, ebenso wie der Nil für die alten Ägypter der Lebensstrom schlechthin war. Ihr Erwachen ist nichts Neues, das du in deinem Leben dazubekommst, sondern ein untrennbarer Bestandteil von dir, dessen du dir bewußt wirst und den du zu nutzen beginnen kannst. Der Kanal, der sich in deiner Wirbelsäule öffnet, wird mit zunehmendem Gebrauch immer weiter. Dies führt zu einer Kräftigung und Vergrößerung aller Chakras und der Aura. Alles wird heller und weiter. Du kannst willentlich die erwachte Energie in deinen Händen sammeln und zur Heilung einsetzen. Je mehr du sie auf diese Weise lenkst, desto stärker wird sie.

Optimal ist es, vierundzwanzig Stunden lang zu fasten, bevor man zum erstenmal die Kobra-Erfahrung macht. Wenn man keine Möglichkeit hat zu fasten, sollte man wenigstens in den vorangehenden vierundzwanzig Stunden sehr viel Wasser trinken und es vermeiden, direkt nach einer Mahlzeit auf die Reise zu gehen.

Die Initiation mit der Kobra verlangt Kraft und Ausdauer. Wenn man erst einmal diese Reise erlebt hat, kann man sie zu allen passenden Gelegenheiten als Meditation einsetzen.

Die Kobra wird immer bei dir sein!

Kobra-Reise

(Setz dich, wenn möglich mit gekreuzten Beinen, auf den Boden. Kreuze deine Arme vor der Brust, mit den Handgelenken als Kreuzungspunkt. Halte deine Wirbelsäule so gerade wie möglich. Ich werde der Schlange weibliche Attribute verleihen, weil die Schlange, mit der ich arbeite, eindeutig weiblichen Geschlechts ist.

Verwende die Alchemie, um zu Thot zu gelangen...

Thot wird dir wieder zurück in den Körper helfen, während du dich noch in einem veränderten, fast schwerelosen Zustand befindest, damit du diese Initiation in deiner physischen Gestalt und mit allen Sinnen erleben kannst...)

Die Kobra nähert sich von hinten. Du hörst ihr Zischen. Es läuft dir ein kalter Schauer über den Rücken, wenn du dir der Gegenwart der Schlange bewußt wirst...

Willkommen, Kobra!... Du kannst die Resonanz in deiner Wirbelsäule spüren, wenn sie sich über den Boden schlängelt. Die Kobra ist sehr groß, etwa zwölf Zentimeter im Durchmesser und fünf bis sechs Meter lang. Sie schlängelt sich zur rechten Seite deines Körpers, über dein rechtes Bein, und bewegt sich über deinen Schoß auf dein linkes Bein. Suche Augenkontakt mit ihr, während sie vor dir entlanggleitet. Fühle, wie es sich anfühlt, wenn sie über deine Haut streicht – sie ist äußerst sinnlich veranlagt. Achte auf die Zeichnung ihres Kopfes, wenn sie ihren Nacken spreizt, was sie während der gesamten Reise tut.

Die Kobra schlängelt sich um dich herum und berührt hinter deinem Rücken wieder den Boden. Wenn du fühlst, wie sie sich dem ersten Chakra an der Basis deiner Wirbelsäule nähert, ziehst du für eine Sekunde deine Schließmuskeln zusammen. Wenn du sie wieder losläßt, beißt dir die Kobra in das erste Chakra. Ihre Zähne bohren sich bis in deinen Dammbereich und durch ihn hindurch, als ob diese bis tief in die Erde reichten. Es fühlt sich an, als öffnete sich dein Körper nach unten hin und versänke fast in der Erde, wobei er sich mit ihrer gesamten Kraft verbindet. Die Erde heißt dich willkommen. Du bist offen für sie und fühlst, wie du mit ihr verschmilzt. Es ist, als seist du vollständig von Erde umgeben und würdest zu Kompost zerfallen. Während du zerfällst und dich auflöst, geht durch diesen Verschmelzungsprozeß das tiefe Wissen der Erde auf dich über... *(Lange Pause)*

Diese Verbindung scheint niemals zu enden, und die Schlange beginnt sich erneut spiralförmig auf die rechte Seite deines Körpers zu winden...

Wenn sie wieder deine Wirbelsäule erreicht, befindet sie sich hinter dir in der Gegend des zweiten Zentrums, deines Genitalchakras. Hier scheint sich die Kobra in zwei Körper mit zwei Köpfen aufzuspalten. Plötzlich hast du das Gefühl, unter Wasser zu sein, wenn eine der Kobras in dein zweites Chakra eintritt, geradewegs durch deinen Körper wandert und mit dem Kopf in deinem Schoß zu ruhen kommt. Während du unter Wasser bist, wirst du aufgelöst und kannst das tiefste Wissen und die Intelligenz des fließenden Wassers spüren, wie sie alle Aspekte deines Wesens erfüllen... Du verstehst zutiefst in deinem Inneren, was es heißt, «flüssig» zu sein, emotional, mitfühlend und empfänglich für Übersinnliches... *(Lange Pause)*

Überschüssiges Wasser verschwindet im Maul der Schlange, die in deinem Schoß liegt. Sie zieht sich in deinen Bauch zurück und kommt an deinem Rücken auf der Höhe des zweiten Chakras wieder aus dir heraus. Dort vereint sie sich wieder mit ihrem zweiten Kopf zu einer einzigen Kobra...

Die Kobra windet sich weiter um deinen Körper und schlängelt sich immer höher. Wenn ihr Kopf wieder hinter deinem Rücken auftaucht, befindet sie sich auf der Höhe des dritten Chakras, auf der Höhe des Solarplexus. Sie zischt. Du fühlst die Schwingung und Resonanz ihres Zischens im ganzen Körper, insbesondere in deiner Wirbelsäule...

Die Kobra beißt wieder zu. Diesmal fühlt es sich heiß an. Das Gefühl von Hitze wächst und wird immer heller, während es direkt durch deinen Körper brennt und einen Ausgang vorn auf der Höhe des Solarplexus findet. Es strömt wie ein großes spirituelles Feuer aus dir heraus, verbreitet sich, strahlt die Essenz des Feuers aus dem Zentrum deines persönlichen Willens und deiner Kraft. Es ist sehr hell und sehr heiß. Du hast das Gefühl, du wirst vollkommen verzehrt durch die brennende Glut dieses Seelenfeuers. Während du verbrennst, tritt das Wissen des Feuers in deine Seele ein... Dein Körper ersteht aus seiner eigenen Asche und enthält nun ein noch vollständigeres Wissen des Elementes Feuer...
(Lange Pause)

Die Kobra schlängelt sich weiter um deinen Körper herum. Wenn sie erneut dein Rückgrat kreuzt, trifft sie auf das Herzchakra und windet sich weiter. Wenn sie wieder auf deiner Vorderseite erscheint, öffnet sie ihr Maul und verschlingt deine Hände, deine Handgelenke und dein Herz. Sie fährt einfach fort, sich um dich herumzuwinden und immer höher hinauf ihre Spiralen zu ziehen. Während sie dies tut, hast du möglicherweise das Gefühl von Einsamkeit, Sehnsucht, das Gefühl, etwas zu suchen. Laß diese Gefühle einfach dasein, während sich die Schlange weiter um dich windet.

Wenn sie wieder auf deiner Rückseite ankommt, befindet sie sich am Halschakra. Dort beißt sie wiederum zu. Hier bekommst du das

Gefühl für die Dämpfe, für die Vereinigung von Feuer und Wasser, um Dampf und Nebel zu erzeugen. Luft wirbelt um dich herum, und du fühlst dich möglicherweise ein wenig schwindlig oder leicht im Kopf. Dein Geist wird weit, während die Winde ungehindert dein Wesen durchwehen, dich in Stücke reißen und in sämtliche Himmelsrichtungen zerstreuen. Jedes Teilchen ist nun mit seinem eigenen Gefühl von Einheit und Zusammengehörigkeit begabt, und du wirst die tieferen Bedeutungen des Elements Luft gelehrt... *(Lange Pause)*

Die Kobra tritt durch die Rückseite deines Halses ein, wo sie dich gebissen hat, und bewegt sich langsam in deinen Kopf hinein. Wenn sie oben in der Mitte des Gehirns angekommen ist, spuckt sie aus ihrem Maul einen Kristall in Form der Zeichnung auf ihrer Stirn aus. Hier wird der Kristall eingesetzt und wacht über die Funktion der Zirbeldrüse.

Die Kobra fährt auf ihrem Weg durch die Innenseite deines Kopfes fort und kommt zu deinem Dritten Auge wieder heraus. Achte auf das Gefühl, wenn dein Drittes Auge sich beim Durchgang der Kobra mit ihrem gespreizten Nacken weitet. Wenn ihr Kopf heraus ist, windet sie sich links herum um deinen Kopf und bildet, wenn sie wieder dein Drittes Auge erreicht, eine Uräuskrone. Sie taucht kurz ihren Kopf hinunter und gleich wieder hoch, schaut nach vorn.

Wenn die Kobra sich in dieser abschließenden Haltung befindet, zischt sie. Du hörst das Zischen. Es hallt in deinen Ohren wider wie Zimbeln oder wie das Sausen, was man gelegentlich in den Ohren hat. Während das Zischen weitergeht, fühlst du auf der Schädeldecke eine Schwingung, die dir das Gefühl gibt, etwas bewegt sich darauf: Es kribbelt, summt, und du merkst, wie sich dein Kronenchakra öffnet...

Der Kristall, den die Kobra eingepflanzt hat, beginnt in deinem Kopf zu glühen und zu glitzern. Er spendet reichlich Licht. Drehe deine Augen nach oben und nach innen. Konzentriere dich auf die obere Hirnseite deines Kopfes. Es sind dort neun ausgewachsene Kobras, gespreizt wie ein Fächer hinter deinem Kopf.

Dein Herzchakra ist weit geöffnet. Eine starke Verbindung ist sichtbar zwischen deinem Herzchakra und deinem Kronenchakra, was das Gefühl heftiger Liebe und einer Verbindung mit allem Leben und dem gesamten Kosmos erzeugt. Hierin liegt das Verständnis zwischen dem Herzen und dem Höheren Selbst. Und immer zischt die Kobra, während du vor Seligkeit erglühst. Dein Körpergefühl ist geprägt von überströmender Liebe, Wärme und einer Vereinigung mit dem ganzen Universum. Du bist von einem Gefühl der Vollständigkeit erfüllt, während die Schlange fortwährend zischt. Denk an deine höchsten Ideale von Weisheit und Liebe, während du dich in diesem ekstatischen Zustand befindest. Achte auf alle Visionen, Formen und Farben, die vor dir auftauchen... *(Lange Pause)*

Wenn diese Einstimmung vollendet ist, hört die Kobra auf zu zischen. Sie beginnt sich aufzurollen, schlüpft wieder in deinen Kopf zurück und auf der Rückseite des Halses wieder heraus. Langsam entfernt sie sich aus deinem Körper, gleitet über deine Haut. Fühle, wie sinnlich sich das anfühlt.

Wenn sie sich vollkommen aufgerollt hat, wird sie wieder auf deine Vorderseite kommen und sich aufrichten, um dir direkt ins Gesicht zu schauen, Auge in Auge. Möglicherweise möchtest du nun ein Opfer darbringen und kannst dazu etwas wählen, was du nicht mehr länger möchtest, wie eine Angewohnheit, die du schon längst hattest aufgeben wollen, eine Eigenschaft, die dir nicht mehr länger nützt, oder etwas Negatives, was sie gerne verschlingen würde. Frage sie erst, ob deine Wahl genehm ist...

Die Kobra hat noch eine Botschaft für dich, und du hast vielleicht eine Frage an sie. Nimm dir Zeit, um deine mächtige Verbündete kennenzulernen.

Sprich mit Thot über dein Erlebnis...

(Thot wird deine Krone berühren, um dich wieder in dein gewöhnliches Bewußtsein zurückzubringen. Achte darauf, dich zu erden und zu zentrieren... Du kannst alle überschüssigen Energien so lenken, daß sie an den Handflächen aus dir herauskommen.)

WERNEKE © 1991

HIRSCH

Kraftlinien

Diese Reise ist eine Initiation, gewidmet der Göttin, denn der Hirsch dient der Göttin. Als ihr Gefährte unterstützt er alle, die mit ihr arbeiten. Er ist positive männliche Energie, ein mächtiger Verbündeter, der auf großartige Weise spüren läßt, was wahre männliche Energie sein kann. Diese Initiation hat zur Folge, daß das dritte Chakra gestärkt wird, das Zentrum persönlicher Willens- und Durchsetzungskraft.

Auf dieser Reise wirst du dem wandlungsfähigen Antlitz eines Wesens begegnen, welches zugleich Mensch und Hirsch ist. Dieses entspricht einer der frühesten Darstellungen des «gehörnten Gottes». Der Hirsch repräsentiert die männliche Energie, die ein Teil von uns allen ist, und hilft uns zu verwirklichen, was wir in der Welt brauchen. Häufig sieht man in ihm eine Quelle der Fruchtbarkeit und Kraft. Die baumartige Form seiner Hörner kann auch auf eine Verbindung mit den Waldgeistern hinweisen.

Durch den Hirsch wirst du mit den Linien der Kraft, den *Ley Lines*, bekannt gemacht. Dies sind die Pfade, welche das Meridiansystem der Erde bilden, jene Kraftlinien im Kraftfeld der Erdoberfläche, durch die Energie strömt. Die meisten Orte der Kraft wurden an den Kreuzungspunkten dieser Linien errichtet. Stonehenge ist ein deutliches Beispiel, ebenso wie die Große Cheopspyramide. Wenn du dir dieser Kraftlinien bewußt wirst, erhältst du Einblick in die Polaritäten und Bewegungen in unserem Ökosystem, und du kannst deine persönlichen Energien so ausrichten, daß sie im Einklang mit denen der Erde stehen. Du kannst entlang dieser Kraftlinien reisen und unterwegs zu zahlreichen Kraftzentren der Erde gelangen.

Das Gitternetz, welches sich aus den Kraftlinien der Erde bildet, ist ein integraler Bestandteil ihrer inneren Struktur. Eine der Gefahren unserer industriellen Zivilisation besteht darin, daß durch Bergbau- und Ölförderungspraktiken Ungleichgewichte in diesem Netz erzeugt werden, die Veränderungen und Blockaden des Energieflusses der Erde zur Folge haben.

Wenn du mit dem Hirsch reist, hast du die Gelegenheit, das Meridiansystem deines eigenen Körpers, welches ein Abbild des Systems der Erde ist, ins Gleichgewicht zu bringen und energetisch aufzuladen.

Hirschreise

(Führe die Alchemie durch...)

Thot ist in Nebel eingehüllt, ein Rabe sitzt auf seiner Schulter. Der Rabe erhebt sich, fliegt auf dich zu und landet auf deiner Schulter. Du fühlst sein Gewicht und bewunderst sein schwarzglänzendes Gefieder.

Vor deinen Füßen erstreckt sich ein Pfad weit hinaus in den Nebel. Du folgst dem Pfad, kommst an ein rechteckiges Tor oder einen Durchgang. Schreite hindurch und begib dich in den großen Steinkreis, der sich hinter dem Tor befindet. Einige der Steine sind umgefallen und rissig, einige stehen noch immer aufrecht, obwohl sie schon sehr verwittert erscheinen. In der Mitte des Kreises befindet sich eine riesige flache Steinplatte, auf der ein Kreis gemalt ist. Der Rabe erhebt sich von deiner Schulter, fliegt und landet auf einem Stein. Er schaut dich mit seinem durchdringenden, unverrückbaren Blick an und fragt dich, ob du willens und bereit bist, dich dieser Initiation zu unterziehen, deren Zweck die Verbindung mit dem Netzwerk der Energielinien der Erde, der *Ley Lines*, mit denen deines Körpers ist, deinen Meridianen oder *Chi*-Linien.

Wenn aus deinem Herzen ein Ja kommt, entspanne dich und leg dich mit dem Rücken auf den Stein. (Wenn du ein Nein vernimmst, tritt zurück und warte, bis du das Gefühl hast, daß die richtige Zeit gekommen ist. Nimm dir Zeit, um mit Thot zu sprechen.)

Der Rabe bewegt sich zur Seite, so daß du dich in den Kreis auf den Stein legen kannst. Du spürst und fühlst nun die Gegenwart von jemandem, der hinter dir steht...

Du verspürst einen leichten Druck oder eine Berührung an deinem Hals, als ein Stück Hirschgeweih, geschnitzt wie ein Messer, darübergezogen wird. Du blickst auf und schaust in das Gesicht eines freundlichen, einfühlsamen Mannes. Er ist ein Archetyp der männlichen Energie, die der Göttin dient. Du beobachtest sein Gesicht, während es sich von einem unglaublich weisen, wissenden und liebevollen Mann in das urtümliche, undurchschaubare Tiergesicht des Hirsches verwandelt.

Er hilft dir dabei, aufzustehen, und zeigt dir noch einmal den Kreis. Alle Steine stehen nun aufrecht. Laß dir einen Moment Zeit, um die Energieströme in deinem Körper zu spüren... *(Pause)* Schau durch die Steine hindurch und fühle, wie die Energie entlang der Kraftlinien, die sich nach außen erstrecken, vibriert und das ganze Land und seine Menschen heilt... *(Pause)*

Der Hirsch segnet dich für deine Anteilnahme und nimmt dich auf eine weitere Reise mit, entlang der *Ley Lines* bis zu einem ganz besonderen Kraftplatz. Vielleicht ist es ein Tempel oder eine besondere natürliche Landschaftsformation. Ihr laßt euch beide tief auf diese Reise ein, das heißt auf euch selbst. Tief in deinem Inneren siehst du das Abbild des Meridiansystems der Erde in deinem eigenen Körper. Der Rabe ist bei euch, bei dir und bei dem Hirsch... *(Lange Pause)*

Wenn es an der Zeit ist, kommt Thot zu dir. Sprich mit ihm über dein Erlebnis, bevor du in deinen Körper zurückkehrst. *(Achte darauf, dich zu erden und deine Mitte zu finden...)*

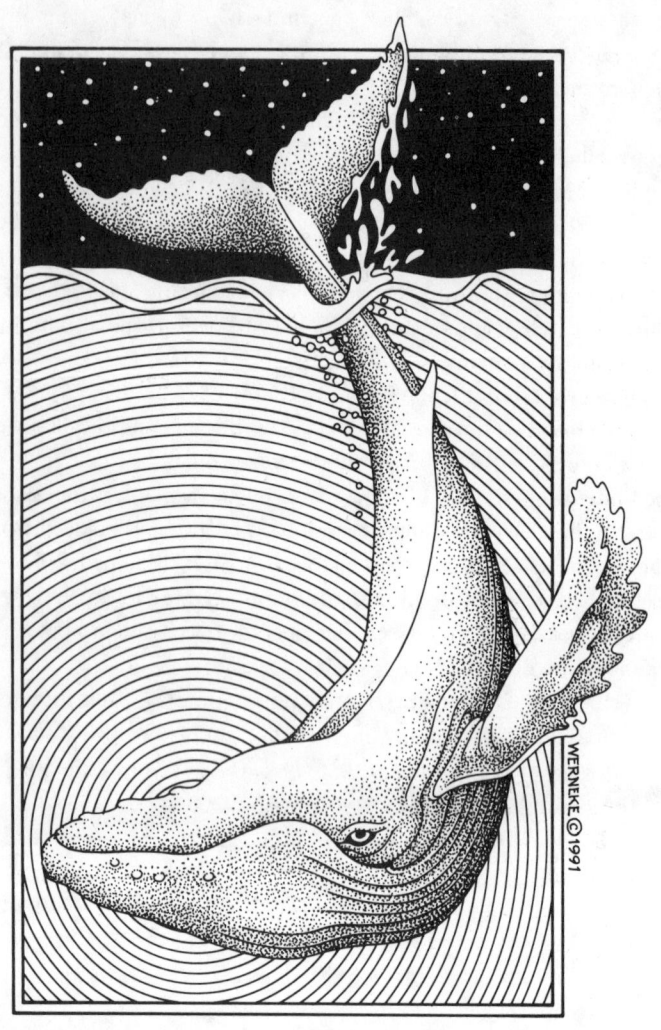

WERNEKE ©1991

WAL

Klang

Die Indianervölker der Westküste Nordamerikas sahen im Wal einen mächtigen Totem. Die Zähne und Knochen des Meeressäugers waren höchst wirksame Amulette, die einige der physischen Kräfte des Wals auf seine Träger übertrugen, einschließlich der Fähigkeit, die Kanus der Feinde umzuwerfen. Viele Walarten sind vom Aussterben bedroht, weil sie seit Jahrhunderten wegen ihres Fleischs und ihres Trans gejagt werden. Die Walpopulation verringert sich drastisch, und man weiß nicht genau, inwieweit auch die Umweltverschmutzung der Ozeane ihre Auswirkungen auf das Immunsystem dieser äußerst empfindlichen Säugetiere hat.

Wasser überträgt Töne weitaus besser als Licht, und Wale machen davon Gebrauch, indem sie mehr mit den Ohren «sehen» als mit den Augen. Bevor die Ozeane durch den Lärm von Schiffsschrauben und Turbinen verseucht wurden, konnten Wale sich über große Distanzen miteinander verständigen. Einige Wissenschaftler vertreten die Theorie, daß jene Wale, die sich selbst stranden, dies tun, weil ihr Echo-Navigationssystem nicht mehr richtig funktioniert und sie nicht mehr wissen, wo sie sind.

Der Wal, der diese Reise in den goldenen Kessel gebracht hat, ist der Buckelwal, obwohl auch die anderen zahlreichen Walarten das Wissen um die Evolution der Erde in sich tragen. Sie sind wie Resonanzkörper, welche die Geschichte von unserer Mutter Erde hinaus ins Universum singen. Diese Reise stimmt dich auf den Gesang der Sphären ein, die Schwingung der Wale, die unablässig die tonale Signatur unseres Planeten ausstrahlt. Wenn du initiiert bist, wird dieser Gesang in dir verschlüsselt und fortan im Einklang mit deiner Aufmerksamkeit in dir Resonanz finden. Er kann wie ein Klangfilter für dein Bewußtsein funktionieren, kann es reinigen, klären und Raum schaffen für ein erweitertes Bewußtsein.

Diese Reise eignet sich sehr gut für die Gruppenarbeit. Versuche sie einmal, wenn ihr gemeinsam in einem Kreis sitzt und euch an den Händen haltet. Im richtigen Augenblick kann deine Gruppe als Geschenk an die Wale ein Lied für sie singen. Das Lied wird im innersten Kern deines Wesens weiterschwingen. Du wirst es in dir spüren, mit ihm vibrieren, und es wird dich niemals verlassen.

Es ist empfehlenswert, vor oder während dieser Reise ein Band oder eine CD mit dem Gesang der Wale zu hören.

Walreise

(Führe die Alchemie durch...)

Thot führt dich an einen sonnigen Strand, wo du über den Sand spazierst, auf das Meer zu. Höre auf den Klang der Wellen, wie sie an der Küste brechen und den Strand hinaufrollen. Es ist ein wunderschöner stiller Tag, und offenbar ist es leicht, ganz weit hinauszuschwimmen, die Brandung hinter sich zu lassen, bis du die Fontänen sehen kannst, die aus dem Rücken der Wale herausprudeln, welche draußen vor der Küste spielen. Sobald du ins Wasser steigst und zu schwimmen beginnst, kannst du ihren Gesang hören. Traurig, in hohen und ganz tiefen Tönen, klingt er tief in deinem Herzen und verbreitet sich im ganzen Körper. Stimm dich ein...

Einer der Wale, eine Walkuh, nimmt Augenkontakt mit dir auf und kommt direkt auf dich zu. Sie berührt dich zum Gruß sanft mit der Zunge. In der Gruppe, mit der du schwimmst, befinden sich einige Kühe, begleitet von ihren Kälbern. Sie sind riesig, diese Leviathane der Tiefe. Es besteht eine sehr direkte, unmittelbare Kommunikation zwischen dir und diesen Walen, die geschieht nicht über Worte.

Halte dich an deiner neuen Freundin, der Walkuh, fest oder schwimme in ihrem Strömungsschatten, direkt hinter ihrer mächtigen Schwanzflosse, wo auch die kleinen Babywale schwimmen, und laß dich von ihrer Strömung tragen. Trotz ihrer gigantischen Größe bewegt sie sich sehr behende und achtet dabei immer auf deine Sicherheit, denn ein Schlag mit ihrer Schwanzflosse könnte dich leicht töten. Sie behandelt dich so fürsorglich, als seist du eines ihrer Kleinen. Du lernst ganz wie von selbst mit den Walen zu atmen, so daß du lange Zeit mit ihnen unter Wasser bleiben kannst.

Die Wale singen sich gegenseitig etwas vor, während sie in die Tiefen des Ozeans hinabtauchen, wo nur noch Dunkelheit und Klang herrschen. Du wirst durch eine Schlucht am Meeresgrund in einen tiefen Meeresgraben geführt. Du hast das Gefühl, im Bauch des Wals zu sein, aber wenn du ganz am Boden angekommen bist, findest du dich auf weißem Sand in einer riesigen Höhle unter der Welt, am Grunde des Meeres wieder. Hier ist es irgendwie heller, und du kannst dich umschauen. Nimm dir einen Augenblick, um dich hier zu erden und den Sand unter deinen Füßen, zwischen den Zehen zu spüren...

Die Wale sind fort, aber ihr Lied hallt in diesem großen Saal wider. Ihre Musik durchströmt dich wie eine Energie, dringt in deinen innersten Kern vor und bis in die Knochen. Es gibt keine Trennung zwischen dir und dem Klang, denn er ist Anfang und Ende aller Dinge. Es ist der Kreuzungspunkt, an dem das *Jetzt*, die *Vergangenheit* und das *Überall* sich treffen. Es liegt eine enorme Heilkraft in diesem Lied, das dir die Möglichkeit gibt, mit der Gesamtheit alles Bewußtseins in Kontakt zu kommen. Schau, wie du darin verschwinden kannst, um an einem beliebigen Ort wieder aufzutauchen. Laß dich vollkommen gehen und verliere dich in dem Lied. Selbst dein Sehen verschwindet in diesem Gefühl...

Die Schwingungen des Liedes funktionieren wie ein Katapult für dich und schleudern dich in die Höhe, aus dem Meer heraus, weg von der Erde, tief in den Weltraum hinein, bis in die entlegensten Winkel des Kosmos, die dein Bewußtsein erreichen kann. Es gibt weder einen Anfang noch ein Ende. Der Schlußakkord des Liedes ist eine Kurve... Laß die unendliche Natur des Liedes in dein Bewußtsein einfließen...

Sobald du beginnst, mit diesem Klang zu schwingen, verstehst du deine Verbindung zur gesamten Schöpfung. Dieses Wissen erzeugt ein Gefühl tiefen inneren Friedens in dir, das deine Selbstheilungskraft und die Fähigkeit, andere sowie die ganze Welt zu heilen, verstärkt. Wenn du erst einmal mit diesem Lied schwingst, wird es dich niemals mehr verlassen. Du bist eingestimmt und kannst jederzeit in die Musik hineinkommen, denn es ist der Gesang des Universums...

Allmählich trennt sich in deinem Bewußtsein das Geräusch der Wellen von dem Klang des Liedes. Du bist zurück am Strand, über dir der sternenübersäte Nachthimmel. Die Musik ist immer noch da, und jegliches Gefühl der Getrenntheit ist verflogen. Du kannst es direkt in deinem Brustbein spüren, im Zentrum deines Wesens.

Du schaust über das Meer und siehst das Lied in Form glitzernder Lichter, die aus dem Wasser aufsteigen. Diese harmonischen Lichtmuster versehen die tektonischen Platten mit Energie und gehen in kristalline Strukturen hinein. Erlebe die Klänge gleichzeitig als Licht und Ton...

Als Geschenk, sing dem Wal ein Lied...

Thot ist da. Erzähl ihm dein Erlebnis...

(Thot wird dir helfen, wenn du in dein gewöhnliches Bewußtsein zurückkehrst und dabei den Gesang in deiner Seele bewahrst...)

SCHWAN

Seelenpartner

In der volkstümlichen Mythologie steht der Schwan für die Verwandlung eines kleinen, seltsamen und häßlichen Wesens in ein großes, elegantes und schönes.

Schwäne sind ein weit verbreitetes Motiv in Geschichte und Mythologie. An den entferntesten Orten, von Sibirien bis Irland, gibt es den Glauben, daß das Töten eines Schwans Unglück und Tod bringt. Die griechische Liebesgöttin Aphrodite wird auf einem Schwan reitend dargestellt, ebenso wie in Indonesien die Göttin Sarasvati. Die bekannteste Variante des Schwans als Wandlungssymbol ist wahrscheinlich die Geschichte von Zeus, dem König der griechischen Götterwelt, der sich in einen Schwan verwandelte, um die irdische Leda zu verführen.

Schwäne sind sich ein Leben lang treu und haben ein Gefühl für Verbindungen, die durch Herzenskontakt entstehen. Sie kommen in den goldenen Kessel als Verbündete bei der Suche nach einem Lebenspartner und zur Hilfestellung für Beziehungen. Das erstemal, wenn du in den magischen, idyllischen Bereich dieser Reise eintrittst, wirst du deinem inneren Partner vorgestellt, dem Teil von dir, der dein Gegenstück darstellt, oder das ausgleichende Geschlecht in dir. Wenn du eine Frau bist, hast du einen inneren Mann, der deine wahre Weiblichkeit ins Gleichgewicht bringt. Wenn du ein Mann bist, ist es umgekehrt.

Die wahre alchemistische Hochzeit ist die Verschmelzung der männlichen und der weiblichen Seite in uns, und diese Reise setzt das Werben in Gang, an dessen Ende diese Hochzeit sich vollziehen kann. Wenn du auf diese Weise mit dem Schwan arbeitest, ist das höchste, was du erreichen kannst, die beide Seiten umfassende Ganzheit innerhalb eines Körpers. Wenn du diese Reise vollzogen und ein Band zum Schwan geknüpft hast, kannst du zurückkehren

WERNEKE © 1991

und spezifische Themen in Angriff nehmen. Deine Beziehungen haben eine neue Tiefe, nachdem du die Einheit in dir gefunden hast. Der Schwan kann dich lehren, wie du in der Außenwelt einen Partner und Lebensgefährten anziehen kannst.

Der Ort, an den du auf dieser Reise gebracht wirst, ist ein Freiraum, in dem du aufhören kannst, dich selbst zu kritisieren und häßlich zu finden. Hier siehst du nicht jene Schönheitsfehler, die normalerweise deine Aufmerksamkeit fesseln. Statt dessen erscheinst und bewegst du dich mit der Grazie eines Schwans, denn du siehst dich selbst durch die Augen des Geliebten, der dich immer voller Liebe anschaut.

Schwanreise

Thot wird dich an einen wunderschönen See oder Teich führen, auf dem einige Schwäne schwimmen. Über dir ist der blaue Himmel mit weißen Schäfchenwolken, und der See liegt in einer idyllischen Landschaft mit Trauerweiden, deren Zweige bis ins Wasser hineinreichen. Du näherst dich dem See, und einer der Schwäne kommt auf dich zu, um zu sehen, wer du bist. Nimm jede Bewegung des Schwans in dich auf – die Biegung seines Halses, seine Körperhaltung. Suche Augenkontakt mit diesem Schwan und fühle eure Herzensverbindung. Ebenso wie das Wasser den Schwan reflektiert, so spiegelst du dich in dem Schwan und er in dir. Bitte um Unterstützung bei der liebevollen Begegnung und Wahrnehmung deines inneren Partners.

Deine Verwandlung beginnt, wenn du ins Wasser hineintrittst und dich in einen Schwan verwandelst. Es fühlt sich wundervoll an. Du blühst in deinem neuen Federkleid innerlich auf und gleitest vollkommen mühelos durch das Wasser mit starken, kräftigen Beinen und großen, mit Schwimmhäuten versehenen Füßen, die unter der Wasseroberfläche verborgen bleiben. Laß dir Zeit und koste das Gefühl, ein Schwan zu sein, voll aus. Spüre deine Flügel und deinen langen, grazilen Hals...

Dein neuer Schwanenfreund erhebt sich aus dem Wasser, und du folgst ihm in die Lüfte, auf die weißen Wölkchen zu, die wie riesige Wattebäusche in dem blauen Himmel hängen. Du fliegst auf die Wolken zu und durch sie hindurch, und wenn du auf der anderen Seite wieder herauskommst, weißt du, daß du in einen magischen Raum eingetreten bist. Sogar die Moleküle der Luft sind von Farben durchdrungen. Unter dir liegt die wunderschöne, magische Landschaft, und in weiter Ferne kannst du die Türme einer mittelalterlichen Burg oder eines Palastes erblicken. Möglicherweise besteht das Gebäude ganz und gar aus Marmor oder aus Kristall, mit bunten Flaggen und Wimpeln auf den zahlreichen Erkern und Türmchen. Vielleicht gibt es sogar einen Burggraben, aber ganz sicher liegt in der Nähe ein Teich oder See, auf dem ihr landen könnt. Fühle dein Herz schlagen, während du zur Landung ansetzt, einen Regenbogen hinuntergleitest, um auf dem Wasser nahe dem Ufer zu landen...

Du trittst ans Ufer und hast wieder deine menschliche Gestalt. Schau ins Wasser, um dein Spiegelbild zu sehen. Du fühlst eine innere Bewegtheit und Freude, und das Bild, das dich aus dem Wasser anschaut, ist schöner und attraktiver als du dir dies jemals hättest träumen lassen. Dein Körper fühlt sich stark und kräftig an, in vollkommener Form. Du bist einfach, aber elegant gekleidet.

Höre einen Moment auf die melodischen Klänge einer Harfe in der Nähe. Du wendest dich um, um zu hören, woher die Klänge kommen, und merkst, daß da jemand in deiner Nähe ist, den du liebst. Fühle seine Gegenwart in deinem Herzen. Geh hin, um die Person, die auf dich wartet, zu treffen... Streck die Hand aus, um ihr Gesicht mit deinen Fingerspitzen zu berühren... Nutze die nächsten Minuten der Begegnung mit deinem vollkommenen inneren Partner... *(Lange Pause)*

Du kannst jederzeit zurückkehren, um die Beziehung, die du hier begonnen hast, wiederaufzunehmen. Möglicherweise möchtest du nun Geschenke austauschen...

Wenn es Zeit ist, diesen zauberhaften Ort zu verlassen, sag auf Wiedersehen und tritt wieder ins Wasser, um dich erneut in einen Schwan zu verwandeln. Hebe mit deinem Schwanenfreund ab und fliege zu den Wolken, umkreise noch einmal dieses magische König-reich, bevor du wieder durch die Wolken hindurch zu dem Teich zurückkehrst, von dem du losgeflogen bist. Wenn du wieder ans Ufer trittst, verwandle dich wieder in deine menschliche Gestalt...

Du kannst nun dem Schwan, der dich geführt hat, ein Geschenk darbringen...

Thot ist nun bei dir. Nimm dir die Zeit, die Arbeit und weitere Möglichkeiten mit dem Schwan, deinem neuen Verbündeten, zu besprechen...

(Thot hilft dir bei der Rückkehr in deine physische Gestalt durch deine Krone... Achte darauf, dich zu erden und deine Mitte zu finden, bevor du die Augen öffnest.)

WERNEKE © 1991

KATZE

Selbstliebe

Katzen sind sehr selbständige Wesen. Es ist unmöglich, sie zu kontrollieren, was ihnen etwas Mysteriöses verleiht und ihre Rolle als Vertraute von Hexen und Zauberern glaubwürdig macht. Vertraute sind Wesen, normalerweise Tiergestalten, die jemandem, der sich mit der Magie befaßt, zugleich als Helfer und Begleiter dienen. Im Gegensatz zu anderen Tieren haben Katzen keine Angst vor unsichtbaren Geistern, und darüber hinaus verfügen sie über ausgezeichnete telepathische Kommunikationsmöglichkeiten mit Menschen. Hauskatzen sind oft von spiritueller Energie angezogen, besonders wenn diese Energie zur Heilung oder in Zeremonien eingesetzt wird. Ihr Schnurren ist eine heilende Schwingung, die besonders wirksam ist, wenn sie auf dem schmerzenden Körperteil liegen. Die innere Verbindung, welche eine Katze mit einer Hexe oder mit einer Person, die der Heilung bedarf, knüpft, ist die Liebe, und die Reise der Katze im Kessel kreist um das Thema Selbstliebe.

Katzen haben außerordentliche übersinnliche Begabungen. Im neunzehnten Jahrhundert achtete man in gewissen Kreisen in England besonders darauf, daß die Kinder ausgiebig mit Katzen spielten, um ihre hellsichtigen Fähigkeiten zu entwickeln. Seit langem gibt es den Glauben, daß Katzen über große mediumistische Kräfte verfügen, ein Attribut, das man mit der Schönheit ihrer Augen in Verbindung bringt. Gelegentlich wird auch gesagt, daß ihre frühe Domestizierung ihnen den Luxus gestattete, sich viel Zeit zu nehmen, um ihre übersinnlichen Kräfte zu entwickeln.

Katzen wurden erstmals von den alten Ägyptern domestiziert und sehr schnell in Tempeln und Haushalten aufgenommen, wo sie gehegt und verwöhnt wurden. Als Gegenleistung hielten sie die Kornkammern von Nagern frei und vertrieben die Schlangen aus dem Haus. Man hielt die Katzen für so heilig, daß sie nach ihrem Tode mumifiziert und in besonderen Katzenfriedhöfen mit großem Beerdigungsritual beigesetzt wurden.

Die Katzengottheit des ägyptischen Pantheons ist *Bast*, Göttin der Fruchtbarkeit, Sexualität, Mütterlichkeit und Liebe. Sie ist darüber hinaus für ihre Heilfähigkeiten bekannt. *Bastet* ist ein Teilaspekt oder eine Schöpfung Basts, und sie wird uns durch diese Reise führen. Als sie diese Reise in den goldenen Kessel einführte, erschien sie als eine große, schlanke, dunkelgraue Katze mit sehr spitzen Ohren. Sie trug ein Juwelencollier und schien sehr mit sich zufrieden zu sein. Ihre Reise hat die Selbstliebe zum Inhalt. Sie hilft dir dabei, dich selbst lieben zu lernen, wie sie sich selbst liebt. Sie sagt, daß du niemanden lieben kannst, wenn du dich selbst nicht liebst. Du kannst zwar abhängig, voller Lust, anhänglich oder auch dominant sein, aber du wirst niemals jemanden auf einer gleichberechtigten Ebene lieben können, wenn du nicht lernst, dich selbst zu lieben.

Bastet wird dich an einen Ort mit magischen Spiegeln führen und dir bestimmte Aspekte deiner selbst vorführen. Nachdem du diese Reise unternommen und dich mit ihr vertraut gemacht hast, kannst du in deinen Spiegeln auch noch weitere Bilder von dir selbst erkunden. Versuche es mit deinem weisen Selbst, deinem kindlichen Selbst, deinem sexuellen Selbst und anderen Aspekten deines Wesens, die für dich eine Rolle spielen. Bitte Thot, dir zu helfen, deine Spiegelungen zu deuten.

Katzenreise

(Führe die Alchemie durch...)

Thot ist da. Er streichelt Bastet, die Katze, die sich zu seinen Füßen zusammengerollt hat. Thot streichelt ihr noch einmal über den Rücken und lächelt dich an.

Folge Bastet, wenn sie dich auf einem Pfad entlang eines schnellfließenden Baches stromaufwärts führt. Der Pfad ist gut ausgetreten, wenngleich schmal, und du weißt, daß sie oft hier entlanggeht, um zu dem Ort zu gelangen, an den sie dich nun führen wird. Ihr kommt an den Fuß eines Wasserfalls, und auf einer Seite befindet sich ein Teich mit unbewegtem, dunklem Wasser. Bastet schaut auf die Wasseroberfläche und berührt mit einer Pfote ihr Spiegelbild. Du setzt dich ans Ufer und kannst ebenfalls auf der Wasseroberfläche klar und deutlich dein Abbild erkennen – jedoch so, wie du dich gern sehen würdest. Das Bild ist leicht verwackelt und hält nicht still. Allmählich verwandelt es sich in das Bild von dir selbst, wie du wirklich bist...

Du fährst fort, in den Teich zu schauen. In dem stillen Gewässer bildet sich ein Strudel, der dein Bild hinabzieht, hinein in die Tiefen des Wassers...

Klatschend springt Bastet ins Wasser, direkt ins Zentrum des Strudels... folge ihr, und zu deinem Erstaunen wirst du entdecken, daß es sich nicht mehr um Wasser handelt. Du wirst sehen, daß es nur eine Illusion ist, und sinkst langsam auf den Grund der Höhle, die sich unter dem illusionären Teich befindet...

Bastet wartet am Eingang zu einem Tunnel, ihr Blick ist auf dich gerichtet. Sie ist bereit loszugehen. Mach dich auf und folge ihr hinein in den Tunnel, der immer dunkler und dunkler wird. Wenn ihr vollkommen von der Dunkelheit eingehüllt seid, stoßt ihr an eine harte, glatte Wand.

Es wird allmählich heller, und du siehst, daß du dich in einem Spiegelsaal befindest. Als Bastet von einem Spiegel zum anderen springt, merkst du, daß es sich nicht um gewöhnliche Spiegel handelt. Sie reflektieren viel mehr als nur die Oberfläche deines Körpers.

Es gibt sieben Spiegel. Jeder der Spiegel zeigt ein anderes Bild. Nimm dir die Zeit, um dich selbst in den sieben Spiegeln anzuschauen:

Der erste zeigt, wie du meinst auszusehen...

Der zweite zeigt, wie du wirklich aussiehst...

Der dritte zeigt dir die Seelenansicht deiner selbst...

Der vierte zeigt dir die Herzensansicht...

Der fünfte zeigt dir dein Chakrasystem in allen Farben...

Der sechste zeigt dir dein wahres Selbst, dein höchstes Potential...

Der siebente zeigt dir dein ganzheitliches Selbst, das eins mit dem Universum ist...

Folge Bastet, wenn sie durch den letzten Spiegel geht. Ihr tretet in das Spiegelbild ein und auf der anderen Seite wieder hinaus, auf eine Lichtung, auf der deine Freunde und deine Familie dich erwarten. Geh zu jedem einzelnen und berühre ihn. Sieh dich selbst, wie sie dich sehen. Erlebe die unterschiedlichen Aspekte von dir in ihrer ganzen Fülle...

Die Große Mutter tritt auf die Lichtung und streckt ihre Hand nach dir aus. Während du sie berührst, erfahre die Liebe, die sie für sich selbst empfindet. Es ist dieselbe Liebe, die sie auch für dich empfindet. Erkenne, daß du, indem du dich selbst liebst, die gesamte Schöpfung lieben kannst, als einen Teil von dir, und von ihr im Gegenzug ebenfalls geliebt wirst, als einen Teil der Schöpfung des Alls.

Bastet legt sich zu deinen Füßen. Streichele ihr weiches Fell. Vielleicht möchtest du ihr ein Geschenk überreichen...

Sie führt dich zurück zu Thot. Nimm dir einen Augenblick mit Thot, um die Bilder besser zu verstehen...

(Thot wird dir helfen, in deinen Körper zurückzukehren, sobald du bereit bist...)

LACHS

Energie und Fruchtbarkeit

Großvater Lachs ist sehr alt. Er existiert seit der Zeit, als es noch überwiegend Wasser auf der Erdoberfläche gab, und er hat sich an die Umweltbedingungen der verschiedensten Regionen der Erde angepaßt. Wo immer er gedeiht, gilt er als ein Symbol der Erneuerung, das alljährlich wiederkehrt, um die Menschen an die verschiedenen Kreisläufe von Geben und Nehmen in der Natur zu erinnern. Selbst angesichts der größten Hindernisse kann ihn nichts von seiner Bestimmung abhalten.

Die Indianer des pazifischen Nordwestens Amerikas verehren den Lachs als heiliges Tier. Die reiche und vielgestaltige Kultur dieser Indianervölker verdankt ihre Entstehung nicht zuletzt der Fülle der Lachse in den Gewässern der Region. Man konnte sich darauf verlassen, daß er Jahr für Jahr wiederkehrte und den Menschen Nahrung lieferte. Weil die Indianer imstande waren, ihren Fang zu konservieren, konnten sie in wenigen Monaten den Nahrungsvorrat für das ganze Jahr decken und hatten Zeit, sich anderen Interessen, der Kunst und ihren Ritualen, zu widmen.

Das Leben drehte sich für viele dieser Stämme im wesentlichen um den Lachs, insbesondere während der Laichzeit. Sie glaubten, daß der Lachs eine Rasse von Unsterblichen sei, die sich jedes Frühjahr in Fische verwandelten, um stromaufwärts zu schwimmen und ihr Volk zu ernähren. Die Fischgräten, die nach einem Festmahl übrigblieben, wurden dem Fluß geopfert, damit der Geist des Lachses wieder hinaus aufs Meer getragen würde und sicherstellte, daß derselbe Ablauf auch im nächsten Jahr wieder stattfinden würde.

Lachse sind extrem anpassungsfähig. Sie können sowohl im Salz- als auch im Süßwasser überleben. Wegen der zahlreichen Staudämme, der Abholzung der Wälder und der dichten Besiedelung

WERNEKE © 1991

entlang der Flüsse, die dem Lachs als Laichgründe dienen, sind viele Spezies drastisch reduziert worden, und einige sind gar vom Aussterben bedroht.

Der Lachs trägt eine Vielzahl von Gaben zum goldenen Kessel bei. Die Reise vermittelt Autorität, Energie und Fruchtbarkeit. Der Lachs besitzt Stärke, Zielstrebigkeit und die intuitive Fähigkeit, genau zu wissen, wohin man zu gehen hat und wie man dahin kommt. Er kehrt immer wieder zum Ort seiner Geburt zurück, um dort zu laichen. Nutze die Laichreise für schöpferische Träume, Zielsetzungen, Selbstverwirklichung und Bekräftigungen der Fruchtbarkeit.

Lachsreise

(Führe die Alchemie durch...)

Thot schickt dich durch eine Öffnung im Raum, und du fällst direkt in eiskaltes Wasser. Erst wird dein Kopf naß, und dann rauscht die Kälte deinen Körper hinunter, dorthin, wo normalerweise deine Füße wären, aber du merkst jetzt, daß dort eine Schwanzflosse ist. Du bist ein Lachs, der sich im Wasser tummelt, immer dicht unter den Wellen, die sich an der Oberfläche kräuseln. Nimm dir einen Moment Zeit, um dich an das Gefühl, ein Lachs zu sein, zu gewöhnen. Bekomme ein Gefühl für deinen Körper und seinen Umgang mit dem schnellfließenden Wasser des Flusses. Du schwimmst stromaufwärts, gegen den Strom...

Achte darauf, wie sich die Energie durch deinen Lachskörper bewegt. Du kannst sie fühlen, wie sie vom Kopf über deinen Rücken und über deinen Bauch bis in die Schwanzflosse fließt. Deine Rückenflosse spürt das wärmere Wasser unter der Oberfläche, während deine Unterseite die Kühle des tieferen Wasser fühlt. Die beiden Seiten deines Körpers spüren gleichzeitig völlig unabhängig voneinander die verschiedenen Temperaturen der Wasserschichten. Diese Empfindlichkeit verleiht dir ein deutliches Gefühl für unterschiedliche Reize von oben und unten.

Rücken- und Bauchseite nehmen die unterschiedlichen Reize auf, und im Wedeln deines gesamten Körpers liegen deine Kraft und Beweglichkeit. Das Bewußtsein dieser Dualität – beider Wahrnehmungen gleichzeitig – vertreibt die steife und kalte Energie, die durch deinen Körper fließt. Während du oben und unten spürst und dich beim Schwimmen nach rechts und links schlängelnd bewegst, bewirkst du die explosionsartige Entladung geballter Energien...

Während du dich in der Balance dieser beiden Energieströme bewegst, kannst du die Beziehungen zwischen den Bewegungen innerhalb deines Körpers auf dreidimensionale Weise spüren. Auf deine Sinne macht es den Eindruck, als würde konstant Energie durch dein Chakrasystem geschickt, die alle Kanäle auf Hochtouren laufen läßt und dein Bewußtsein direkt mit deiner DNS verkoppelt... Das Erleben dieser synergetischen Polarität ist so intensiv, daß du das Gefühl hast, du kannst es direkt auf deine Kinder übertragen. An dem Punkt, an dem du dich am stärksten fühlst, beginnt die Energie sich in deinem Schwanz und deinen Genitalien aufzubauen. Feuerströme fließen durch deine Mitte und erzeugen ein entschlossenes Streben, alles zu überwinden. Die Energie scheint deine DNS-Spirale auf und ab zu tanzen, als sei sie ein Regenbogen. Du kannst spüren, wie sie dein Rückgrat entlangtanzt und aus deiner Krone aus dem Körper hinausströmt. Es ist möglich, einen Orgasmus oder eine tantrische Entladung zu erleben, während die Energie aus deiner Krone hinausschießt und an deinem Körper als eine durchscheinende, regenbogenfarbige Energie hinabfließt... Diese Leuchtkraft reflektiert sich in deiner Haut, deinem perlmuttartigen äußerlichen Schimmern.

Die Energie trägt dich auf den Weg zurück. Du bist entspannt und leicht... Gleite zurück, denn Thot wartet schon auf dich. Laß dir einen Moment Zeit, um dein Erlebnis mit ihm zu besprechen...

(Thot wird dir helfen, wieder in deine physische Gestalt zurückzukehren...)

VIERTER TEIL

Reisen zur Verwandlung

Dies ist der Ort der Alchemie, der Wandlung im goldenen Kessel. Hier kannst du an Situationen und Problemen in deinem Leben arbeiten, die der Veränderung bedürfen – Widrigkeiten in Vorteile verwandeln und das erzeugen, was du willst und in deinem Leben brauchst

SCHMETTERLING

Verwandlung und
Selbstbewußtsein

Der Schmetterling steht für eine Metamorphose, für den Gang nach innen, um geheilt wieder herauszukommen. Der Schmetterling ist ein uraltes Symbol für die Seele. Man glaubte, daß der Schmetterling von einer menschlichen Seele auf der Suche nach einer neuen Inkarnation bewohnt wird. Im Altgriechischen ist das Wort für «Schmetterling» und «Seele» ein und dasselbe. Darüber hinaus steht der Schmetterling für die Freiheit: Nach seiner Zeit in der Dunkelheit seines Kokons kommt er glänzend und frei wieder heraus und lebt das große Geheimnis seiner Metamorphose. Alle Stufen seiner Entwicklung gipfeln in seiner endgültigen, flatternden Gestalt.

Die Stufen der Metamorphose des Schmetterlings entsprechen den Stufen der menschlichen spirituellen Entwicklung. Als Larven kennen wir nur, was uns direkt vor den Augen steht. Wir gehen in die innersten Tiefen unseres Selbst, wenn wir uns verpuppen, um anschließend unsere Hüllen zu sprengen und in die Freiheit zu fliegen, uns spirituell zu befreien und unsere Freude mit der ganzen Welt zu teilen.

Schmetterlinge sind gleichzeitig ein Symbol der Zerbrechlichkeit, eher wegen ihrer durchscheinenden Flügel als wegen ihrer physischen Schwäche. Darüber hinaus sind sie Umweltindikatoren, die unter den ersten Arten sind, welche bei einer Verschmutzung ihres Lebensraums nicht mehr existieren können. Wegen der Rodung der Wälder und der Vergiftung der Umwelt mit Pestiziden sind schon viele Schmetterlingsarten ausgestorben. Eine solche Art, der «Königin-Alexandra-Vogelflügel-Falter» wurde erst in den vierziger Jahren dieses Jahrhunderts von einem dänischen Forscher in Papua-Neuguinea entdeckt. Kaum haben wir entdeckt, daß es ihn gibt, und schon ist er durch eine alles beeinträchtigende Zivilisation in seiner Existenz gefährdet. Dieser vogelflügelige Schmetterling hat eine Spannweite von etwa fünfzig Zentimetern und ist ein Nachtfalter. Die männlichen Tiere sind leuchtend gefärbt mit roten, türkisgrünen und goldenen Zeichnungen. Der Stamm der Gini, die einzigen menschlichen Nachbarn des Falters, ist ebenfalls vom Aussterben bedroht. Beide leben in einem Palmenwald nahe der Küste. Die Palmen, welche für die Schmetterlinge Nahrungsgrundlage und Unterschlupf bilden, werden wegen ihres Palmöls gefällt.

Obwohl Schmetterlinge Symbole des Geistes und der Freiheit sind, hat man schon immer ihrer Schönheit wegen auf sie Jagd gemacht. Die vogelflügeligen Arten sind besonders gefragt wegen ihrer ungewöhnlichen Größe. Mittlerweile gibt es Zuchtprogramme, die hartnäckig versuchen, die Arten am Leben zu erhalten, aber sie gleichzeitig in Gefangenschaft halten und dem Materialismus ihrer Züchter dienen, welche ihnen ihre Seele rauben und ihre Herzen durchstechen, um sie in Schaukästen auszustellen.

Der Regenbogenfalter, der diese Reise in den Kessel gebracht hat, hilft, Selbstbewußtsein zu erzeugen. Menschen, die Angst haben, ihr wahres Gesicht hinter ihrer äußeren Persönlichkeit zu sehen, verwenden eine ungeheure Energie darauf, die Maske zu schaffen und aufrechtzuerhalten, hinter der sie sich verstecken können. Die verwandelnden Eigenschaften des Regenbogenfalters machen ihn zu einem großartigen Verbündeten zur Stärkung des Selbstbewußtseins, der es den Menschen erlaubt, sie selbst zu sein und ihre eigene Schönheit zu schätzen.

Mach dir eine Vorstellung oder einen Begriff davon, was du gern sein möchtest und wie du dich gern sehen würdest, und begib dich dann auf diese Reise in deine Innenwelt. Wenn du aus deinem Kokon ausbrichst, dich entpuppst, bist du zu dem geworden, was du sein wolltest. Das Gewand, welches der Schmetterling aus dem Dunkel und dem Mysterium der Puppe ans Tageslicht bringt, ist die Schönheit deines Geistes und der Glanz deines Wesens. Die Metamorphose des Schmetterlings dreht sich um das Rätsel dessen, was geschieht, wenn du dich in die Dunkelheit zurückziehst, um die Schönheit zu finden, zu dessen Gestaltwerdung du geboren bist.

Schmetterlingsreise

Beginne wie üblich mit der Alchemie des Kessels. Wenn jedoch der Dampf durch die Krone hochsteigt, entwickelt er sich zu einem feinen Lichtstrahl... Während du durch diesen Strahl über die Krone hinausgehst, wirst du dich zu einer Puppe verspinnen, geleitet und beschützt durch Thot... Innerhalb dieser Puppe wirst du sanft und zart festgehalten, so, als wärest du mit einer weichen, kristallenen Binde umwickelt. Ein immer gegenwärtiger Herzschlag markiert die Zeit, während du dich in deiner seidenen Gebärmutter verspinnst... *(Pause)*

Wenn du dich dem letzten Stadium deiner Metamorphose näherst, kannst du Lichtreflexe oder flackernde farbige Lichter sehen: deine eigene Ausstrahlung, reflektiert an den Fasern des Kokons. Dies gibt dir Gelegenheit, deine innere Schönheit zu erblicken. Während die Ausstrahlung auf die Fasern des Kokons trifft und auf dich zurückgeworfen wird, wirst du von einer besonderen Energie durchströmt. Die Energie spiegelt das göttliche Geschöpf wider, das du bist, und stärkt dein Selbstbewußtsein. Erfreue dich und sonne dich in dieser Strahlung und der Helligkeit der Farben, welche die Dunkelheit deines Kokons durchdringen... *(Lange Pause)*

Die Wände deines Kokons beginnen sich aufzulösen. Während sie fortfallen, beginnst du deine Flügel zu strecken. Das braucht seine Zeit, denn du bist naß und mußt erst einmal trocknen. Öffne deine Arme weit und erfreue dich an deinen farbenfrohen Flügeln, während sie sich allmählich entfalten. Sie sind sehr kostbar. Fühle ihre Kraft und erfreue dich an ihren farbigen Mustern. Genieße den Rausch der Freiheit, wenn dein Gefängnis von dir abfällt und du frei bist loszufliegen... Du bist ein wunderschöner Schmetterling. Diese Gestalt wird für den Rest deines Lebens dir gehören. Nimm dir die Zeit, das Erlebnis des Fluges auszukosten, während du im Sonnenlicht wie eine fliegende Blume tanzt... *(Lange Pause)*

Wenn du bereit bist, hülle die Schmetterlingsflügel um deinen Körper und gleite zurück in deine menschliche Gestalt, aber behalte die Ausstrahlung deines wunderschönen Schmetterlings bei dir.

Laß dir Zeit, um mit Thot über dein Erlebnis zu sprechen...

(Thot wird dir helfen, wieder zurück in dein gewöhnliches Bewußtsein zu finden...)

EULE

Alchemie und
nächtliches Sehen

Eulen gehören zu den geheimnisvollsten Vögeln, die ein breites Spektrum von Assoziationen bei den Menschen hervorrufen: Tod, Angst und böse Omen, aber auch Schutz und Sieg. Die weise alte Eule wird mit der griechischen Göttin Athene in Verbindung gebracht und häufig auf ihrer Schulter sitzend dargestellt, als Verkörperung des kühlen, klaren und ausgeglichenen Verstandes des Nordwindes. Viele Naturvölker fürchten die Eule als Todesboten, doch in Wirklichkeit kündet sie uns von Verwandlung und Transformation. Sie kann uns helfen, unsere Angst vor der endgültigen Transformation, die wir Tod nennen, zu überwinden.

Die Eule ist eine Jägerin auf lautlosen Schwingen, die in stockfinsterer Nacht ihren raschen Weg durch den dichtesten Wald findet. Obwohl sie hauptsächlich wegen ihrer nächtlichen Hellsichtigkeit berühmt ist, sieht sie gleichermaßen gut bei Tag wie bei Nacht.

Im goldenen Kessel ist die Eule das Tor zum Unbekannten. Die Nacht ist die Zeit der Ruhe für die meisten Geschöpfe, aber in Gegenwart des Mondes, wenn die Bäume schlafen und alles ruht, kannst du die Dinge verwandeln. Du kannst die Bruchstücke deines Lebens neu zusammensetzen. Auf dieser Reise führt die Eule dich zu einem Ort der Alchemie, wo du – metaphorisch gesprochen – Blei zu Gold verwandeln kannst. Die wahre Alchemie beinhaltet, daß wir das Rohmaterial, die niederen Substanzen, aus denen wir gemacht sind, in alchemistisches Gold verwandeln – in den Stein der Weisen, in Erleuchtung. Die Eule macht dir alle Aspekte der Kraft der Wandlung bewußt, so daß du beobachten und fühlen kannst, wo sich Veränderungen vollziehen. In mancher Hinsicht ist der *Prozeß* der Verwandlung wichtiger als das Endergebnis.

Es ist wichtig, sehr genau zu überlegen, an welchem Aspekt dei-

ner selbst du während deiner Reise mit der Eule zu arbeiten gedenkst, denn wenn ihre Energie auf schädliche Weise eingesetzt wird, wird sie mit Sicherheit wieder auf den Missetäter zurückfallen. Es ist wichtig, nur so lange zu bleiben, wie es nötig ist, um die Antwort für den erwünschten Wandel zu erhalten. Stelle auf jeder Reise nur eine Frage und entscheide dich vor der Reise und dem Treffen mit der Eule für ein bestimmtes Thema, an dem du arbeiten möchtest. Diese Reise ist ziemlich komplex und erfordert sowohl Erfahrung als auch klare Absichten. Halte deinen Geist leer, klar und frei, damit etwas Neues eintreten kann, und du wirst sehr viel über die Qualität von Empfänglichkeit lernen.

Die Eule ist auch imstande, die *Ley Lines* der Erde zu sehen. Sie lebt zwischen den Welten und kann Licht an dunkle Orte bringen. Sie lehrt dich, bei Dingen, die zu dicht sind, um das Licht einzulassen, mehr Raum zu schaffen. Wenn du das Licht hereinläßt, kannst du im Dunkeln sehen. Es ist nützlich, mit der Eule zu arbeiten, wenn man seine Sicht verbessern will, sowohl physisch als auch psychisch. Obwohl diese Reise sich in erster Linie um das Sehen dreht, kann sie gelegentlich, wenn du zu ihr zurückkehrst, auch das Hören verbessern, denn die Eule verfügt auch über ein außerordentlich empfindliches Gehör.

Eulenreise

(Führe die Alchemie des Kessels durch...)

Thot trägt Federn und tanzt. Eine Eule erscheint – zuerst ihr Gesicht, dann ihr Körper, bis du schließlich die ganze Eule sehen kannst. Sie ist weiß mit gefleckten, an den Spitzen braunen Flügeln. Ihre Augen sind dunkel und starren dich unverwandt an. Es ist, als schautest du in einen weiten Raum, statt in ein Paar Augen, und du wirst förmlich von dem Sog ihrer schwarzen Pupillen angezogen. Während du den Augenkontakt aufrechterhältst, verwandelt sich die Eule von einem Tier in ein Symbol, indem sie eine überlebensgroße, großartige Präsenz gewinnt. Ihre Flügel sind gespreizt. Sie ist die Hüterin des Durchgangs in die dunkle Welt der anderen Seite. Während du durch die dunklen Strahlen ihrer Augen hindurchgehst, kannst du Sterne sehen. Die Dunkelheit ist nicht schwarz, sondern ein dunkles, nächtliches Blau.

Vor dir taucht eine gigantische durchsichtige Pyramide auf, die wie ein Prisma wirkt. Du näherst dich und merkst, daß das Licht, das durch die Pyramide scheint, von einem weit entfernten, riesigen Stern kommt. Schau dir das Licht genau an, denn es wird von der Pyramide gebrochen und schillert in allen Regenbogenfarben. Schau dir an, wie das Licht in die Pyramide fällt, wie das weiße Licht, in dem Bruchstücke des Regenbogens vorhanden sind, sich der Pyramide nähert und leicht von ihr aufgenommen wird. Sobald das Licht in die Pyramide fällt, wird es verwandelt: Du kannst beobachten, wie sich seine Qualität verändert...

Fühle, wie du von der Pyramide angezogen wirst. Um in sie hineinzugehen, mußt du das Licht verlangsamen, indem du die Zeit verlangsamst. Du befindest dich auf der Ebene der Lichtpartikel, und während du beobachtest, wie sie in die Kristallpyramide eintreten, kannst du ihnen leicht folgen...

In der Pyramide bist du zur Eule geworden. Fühle die Federn auf deinem Kopf. Deine Arme sind zu ausgestreckten Flügeln geworden, leise und stark. Die Pyramide ist ein Ort der Alchemie, an dem du die Dinge, die du an dir nicht magst, verwandeln und zu deinem Kapital ummünzen kannst. Nimm dir einen Augenblick, um an dem Thema, das du mitgebracht hast, zu arbeiten... *(Lange Pause)*

Wenn dieser Abschnitt der Reise beendet ist, fliegst du zu dem Punkt an der Spitze der Pyramide. Dein Eulen-Selbst schießt nach oben aus der Pryramide heraus in den Nachthimmel. In großen Spiralen ziehst du deine Kreise, bis du in einen Wald kommst... Du fliegst in den Wald hinein, und das Licht von Mond und Sternen verdunkelt sich. Auf lautlosen Flügeln stößt du zwischen den Bäumen herab. Du siehst alles so deutlich, als hättest du Infrarotaugen, die alle Materie durchdringen, um die Lebenskraft in ihr zu berühren.

Lande auf dem Ast eines großen Baums, auf dem du dich zu Hause fühlst. Von deinem Ruhepunkt aus schaust du auf den Wald und siehst, daß alles gut ist. Überall, wo du hinschaust, herrscht tiefer Waldesfrieden. Du kannst die Felsen anhand ihrer Dichte von der anderen lebenden Materie unterscheiden. Nimm dir ein paar Minuten, um mit dieser neuen Fähigkeit zu spielen, Leben in der Dunkelheit und unter der Schicht der Materie zu erkennen... *(Lange Pause)*

Wenn es Zeit ist zurückzukehren, hörst du Thot wie eine Eule schreien. Antworte und fliege dorthin, wo er dich erwartet... Verwandle dich zurück in deine menschliche Gestalt und verbringe einige Zeit mit ihm, indem du dein Erlebnis mit ihm besprichst und dir weitere Anweisungen anhören kannst, die er möglicherweise für dich bereithält...

(Thot wird dich in deinen Körper zurück geleiten...)

WERNEKE © 1991

PERSISCHER LEOPARD

Trauer

Der persische Leopard ist eine Untergattung des Leoparden, die früher durch Zentral- und Nordiran pirschte. Die Art, welche man in den nordiranischen Bergen fand, war größer, mit einem wundervollen langen Fell, während der in Zentraliran vorkommende Leopard kleiner und von hellerer Farbe war und ein kürzeres Fell hatte. Der Pelz des persischen Leoparden war stets sehr teuer, und Krieger trugen sein Fell im Kampf. Der Bedarf der heutigen Modeindustrie hat zu rücksichtsloser Jagd auf das Tier, wenngleich dies strikt illegal war, und fast zum Aussterben dieser eleganten Tiere geführt.

Die Trauer ist eine großartige Lehrerin und unvermeidlicher Bestandteil unseres Lebens. Die persische Leopardin versteht die Trauer aus ihrer eigenen Erfahrung der fast vollständigen Ausrottung ihrer Art. Obwohl einige persische Leoparden erfolgreich in Gefangenschaft gezüchtet wurden, gibt es nur noch sehr wenige in freier Wildbahn. Die Leopardin ist daher eine ideale Verbündete, durch die wir Zugang zu angestautem Kummer und anderer Trauer gewinnen und mit ihnen umgehen können.

Trauer und Tod sind Phänomene, die die meisten Menschen in Angst und Schrecken versetzen und sie vollkommen lähmen. Sie sind Kräfte, die einen Menschen zutiefst beeinflussen können. Jemand, der um einen engen Angehörigen trauert, ist im Grund immer allein mit seiner Trauer. In unserer Kultur wird der Prozeß des Trauerns weder gesellschaftlich anerkannt noch klar definiert. Viele Menschen reagieren auf ihren Kummer, indem sie sich so verhalten, wie es ihrer Meinung nach der gesellschaftlichen Norm entspricht, statt auf die Gefühle einzugehen, die auf natürliche Weise in ihnen entstehen.

Trauer bindet dich an die Person, um die du trauerst. Auf der folgenden Reise hast du eine Gelegenheit, dich von deinen Bindungen zu lösen, ohne daß die Beziehung darunter leidet. Manchmal hast du direkten Kontakt zu der Person, um die du trauerst.

Wenn du das Tor durchschreitest und die Ursachen deiner Trauer erneut erlebst, kannst du die unbewältigte Vergangenheit transformieren, denn sie ist nur *eine* Ebene der Existenz. Sie kann auf den vielen anderen Ebenen der Realität verwandelt werden. Der Leopard, der auf dieser Ebene ausgerottet wird, lebt möglicherweise in einer anderen Realität, in der andere Entscheidungen getroffen wurden, weiter.

Es ist wichtig, daß du dich gründlich erdest und den Raum, in dem du arbeitest, wenn du dich auf diese Reise begibst, schützt. Du kannst dies tun, indem du all die Tiere des Kessels anrufst, um deinen Raum während dieses Prozesses abzuschirmen und zu bewachen. Ebenso hilfreich ist es, den Raum zu räuchern mit Zeder, Salbei oder anderem Weihrauch.

Reise mit dem persischen Leopard

(Führe die Alchemie durch…)

Wenn du die Alchemie beendet hast, ist die Alte Weise Frau da. Du kannst nur ihre linke Hand sehen, die einen Ring mit einem grünen oder roten Stein trägt. Sie hat ihre Hand auf eine persische Leopardin gelegt, die allein in einem Käfig sitzt. Trauer ergreift dich angesichts dieser großen, anmutigen Katze in Gefangenschaft, umgeben von einem eisernen Gitter. In ihrer Einsamkeit liegt ein Gefühl von Traurigkeit, insbesondere da sie weiß, daß sie eine der letzten ihrer Art ist. Du kannst den Verlust förmlich durch eine Schwere in deinem Herzen und in der Brust spüren. Deine Gefühle sind aufgewühlt…

Die persische Leopardin lädt dich ein, in ihren Käfig zu kommen und mit ihr zu fühlen, wie es ist, wenn man allein ist und einer Rasse angehört, die fast ausgestorben ist. Sie weiß, daß alle ihre Kinder getötet wurden. Sie ist innerlich zerrissen. Fühle die Trauer in ihrem

Körper. Du bist zutiefst berührt und kannst es kaum glauben, als du das Ausmaß ihres Schmerzes erkennst und dir deiner eigenen Sterblichkeit und deiner Angst vor Vernichtung und Verlust bewußt wirst... *(Pause)*

Die Einsamkeit ihrer Gattung lastet mit dem ganzen Gewicht auf dir. Suche nach einem Ausweg, nach einer Möglichkeit, diese schwere Last der Trauer abzuladen... Wenn du auf der anderen Seite dieser unglaublichen Emotion der Einsamkeit wieder herauskommst, gibt es eine Erlösung, ein Loslassen... *(Pause)*

Die Weise Frau erscheint nun in ihrer ganzen Gestalt und nimmt dich ins Zentrum ihres Herzens auf, wo die ewige Flamme des Lebens auf dem Altar deines Allerheiligsten brennt. Du hast nun eine Gelegenheit, mit Unterstützung der Weisen Frau und der Leopardin deiner Trauer ihre Negativität zu nehmen und in die Flamme zu legen. Du mußt entscheiden, welche Teile deiner Trauer und deiner Traurigkeit du jetzt loswerden möchtest. Du kannst dich auf spezielle Trauergefühle, auf Wut, Einsamkeit oder was auch immer dir angebracht erscheint, konzentrieren. Dieser Teil des Prozesses kann sehr viel bewirken, und du spürst möglicherweise körperliche Veränderungen, während dies geschieht... *(Pause)*

Manchmal ist deine tiefste Trauer hinter geschlossenen Türen verborgen. Wenn du willst, können diese Tore jetzt leicht geöffnet werden, so daß du Angelegenheiten angehen kannst, denen du mit gewöhnlichen Mitteln nicht beikommen würdest. Wenn du deine Trauer in der Flamme verbrennst, erlebst du möglicherweise einige der besonders schwierigen Situationen, die jene Gefühle verursacht haben, erneut, jedoch diesmal unter dem Schutz der Präsenz der persischen Leopardin und der Weisen Frau. Während der erneuten Begegnung mit dieser Erfahrung ist es möglich, daß du direkt mit den Menschen, um die du trauerst, konfrontiert wirst. Achte genau darauf, was sie dir mitzuteilen haben... *(Lange Pause)*

Die persische Leopardin hat noch eine Botschaft für dich, denn sie weiß genau, in welcher Lage du dich befindest... *(Pause)*

Du kannst ihr ein passendes Geschenk überreichen, möglicherweise eines, das der Erhaltung und Verbreitung ihrer Art dienlich sein kann...

Die Weise Frau legt ihre Hand auf deinen Kopf und segnet dich...

Thot erscheint und verbringt einen Moment mit dir, während du dein Erlebnis erzählst...

(Thot hilft dir zurück in deinen Körper...)

SCHNEELEOPARD

Angst

Der Schneeleopard ist ein großartiger, geheimnisvoller Jäger. Er lebt im Himalaya und ist äußerst scheu und selten. Im folgenden kannst du lesen, wie sich der Schneeleopard mir vorgestellt hat:

Mein Name ist Scimitar. Ich bin ein Schneeleopard. Ich bin hier, um Angst in dein Leben zu bringen. Wie der eisige Nordwind lebe ich. Wenn du mich schreien hörst, wirst du wissen, daß ich es auf dich abgesehen habe. Das Blut in deinen Adern wird gefrieren. Ich werde dich gnadenlos verfolgen, ganz gleich, wohin du gehst oder welchen Weg du nimmst. Ich werde da sein, werde dir in die Augen schauen. Fühle die Angst. Fühlst du Panik in dir aufsteigen? Du tust gut daran, dies zu tun, denn ich bin hier, um dich mit Haut und Haar zu verschlingen. Ich bin eine jagende Katze. Wenn ich hier meine Beute fange, weide ich sie mit scharfen Krallen aus. Ich werde dich mit meinen Krallen in Stücke reißen. Ich werde dich zwingen, deinen tiefsten Ängsten ins Auge zu schauen. Ich werde dich finden, wohin du auch rennst – in der Stadt ebenso wie in den Bergen. Ich werde dich zwingen, mich zu erwarten. Ich werde mir Zeit lassen und mein Spiel mit dir treiben.

Erst wenn du aufgehört hast, wegzulaufen, wenn du dich mit deiner Angst konfrontiert und den Ort in dir gefunden hast, der weiß, daß du keine Alternative hast, außer fest dazustehen und mir in die Augen zu sehen, werde ich langsam auf dich zugehen, dich mit meinen grünen Augen fixieren und dich besiegen.

Durch deine Angst vor mir werde ich dich an entlegene Orte führen, und du wirst Dinge über dich lernen, die nichts auf der Welt dich lehren kann als die Angst. Sobald du mir ins Angesicht geschaut hast, werde ich mich zu deiner Seite legen, dich wärmen und überall mit dir hingehen, dein begleitender Krieger sein, wenn ein Krieger gebraucht wird.

WERNEKE © 1991

Nimm diese Reise nicht zu leicht. Begib dich an einen Ort der totalen Sicherheit ohne Ablenkungen. Die Reise wird möglicherweise sehr lange dauern.

Diese Arbeit kann, ebenso wie das Leben, nicht nur Zuckerlekken sein. Manchmal braucht es die Angst, manchmal mußt du mit dem Rücken zur Wand stehen, um Fähigkeiten bei dir zu entdecken, die dir vorher entgangen sind. Angst führt auch dazu, daß die Seiten von uns ans Tageslicht kommen, die wir gern im Verborgenen halten würden. Wenn du den Mut hast, die folgende Reise mit dem Schneeleoparden zu unternehmen und dich von ihm in die Enge treiben zu lassen, und wenn du den Mut hast, ihm in die Augen zu schauen, dann wirst du entdecken, daß seine Augen wie Spiegel sind, die jene Teile von dir reflektieren, die noch wachsen müssen, vor denen du gern weglaufen und die du gern verstecken würdest: die unbequemen Teile.

Möglicherweise fährt die große Katze ihre Krallen aus, reißt ein ganzes Teil von dir heraus und zeigt ihn dir, während sie damit spielt, wie eine Katze mit der Maus. Du solltest diese Reise nicht unternehmen, wenn du nicht bereit bist, die Seiten von dir anzusehen, die dir unangenehm sind. Aber du solltest auch wissen, daß du, ohne diese Bereiche ans Licht zu bringen, dich nur bis zu einem bestimmten Punkt und nicht weiter entwickeln kannst.

Schneeleoparden reißen oft ihrer Beute die Eingeweide heraus. Symbolisch gesehen haben die Eingeweide etwas mit Krankheit oder Giften zu tun, den Teilen von uns, die ausgeschieden werden, unseren Abfallprodukten. Ebenso bedeuten sie Angst: die Angst im Bauch. Während dieser Reise solltest du auf die Stellen in deinem Körper, an denen du Angst erlebst, sowie auf dein instinktives Verhalten achten. Womöglich stellst du überrascht fest, daß du anders reagierst, als du es erwartet hast.

Nachdem du mit Hilfe des Schneeleoparden deine Ängste konfrontiert hast, lernst du genauso klar und scharf wahrzunehmen wie die Katze. Die Welt der Katzen öffnet unser Bewußtsein und unsere Empfindsamkeit. Es gibt dort eine Kombination aus Stärke und Sanftheit sowie das Wissen, wann es angebracht ist, das eine oder das andere einzusetzen. Im goldenen Kessel ist der Schneeleopard der Weg dorthin. Jeder Mensch durchläuft seine Prüfung, bevor ihm Zugang ins Reich der Katzen gewährt wird. Jede Begegnung mit ihm wird anders sein, je nachdem, was er für den Augenblick für angebracht hält.

Schneeleoparden sind Einzelgänger und schleichen sich vollkommen lautlos an. Sie leben im Hochgebirge des Himalaya und sind extrem selten zu sehen, weil sie jeglichen Kontakt zum Menschen scheuen. Es ist ein großes Abenteuer, sich auf die Suche nach einem Schneeleoparden zu machen, und der Wert ihres Fells macht das Wildern nach dieser Katze extrem attraktiv, obwohl die Jagd auf sie verboten ist. Das mutwillige Ausrotten dieser edlen Tiere erwies sich als katastrophal für die Gattung, die mittlerweile zu den gefährdeten Arten zählt.

Die Angst ist eine großartige, wenngleich häufig mißverstandene Lehrerin. Angst zu haben heißt nicht, daß man ein Feigling ist. Es braucht jedoch Mut, sich seinen Ängsten zu stellen und sich auf sie einzulassen. In der Schneeleopardenreise wirst du herausgefordert, dir deine Angst vor Augen zu halten, sie zu fühlen und kennenzulernen und dann Frieden mit ihr zu schließen, denn es gibt keinen Ausweg. Angst ist eine einsame Erfahrung, mit der ganz allein du selbst umgehen mußt.

Wenn du kannst, solltest du dich allein in der Nacht im Wald auf diese Reise begeben. Wenn nicht, kannst du dir überall einen entsprechenden Ort schaffen, auch in deiner Phantasie.

Schneeleopardenreise

(Finde einen angemessenen Ort, der die Energie hat, die du für diese Reise brauchst... Wenn du aus der Alchemie des Kessels kommst, bricht die Dämmerung an...)

Du schaust dich um und merkst, daß du dich auf einem sehr steinigen Pfad in den Bergen befindest, von dem labyrinthartig zahlreiche ausgetretene Pfade abgehen. Die Dunkelheit umfängt dich bereits, wenn du dich nach einem sicheren Schlafplatz umsiehst.

In der Stille des Zwielichts denkst du an alle möglichen Dinge, vor denen du Angst hast... *(Pause)* Du spürst die Präsenz von etwas oder jemandem in der Nähe, fühlst dich beobachtet... Ein Stein fällt, und plötzlich weißt du, du wirst belauert...

Plötzlich zerreißt dicht hinter und über dir ein Schrei die Abendstille und erfüllt dich mit Schrecken. Es gibt nur einen, der so schreien kann: der Schneeleopard... Du biegst schnell nach rechts auf einen der kleinen Pfade ab und hoffst, doch noch zu entkommen. Als sich zu deiner Rechten etwas regt, erkennst du, daß der Leopard auf den Felsen direkt vor dir gesprungen ist. Du stehst wie versteinert, ihr starrt euch beide in die Augen, die smaragdgrünen Augen der Katze glühen...

Er ist auf der Jagd... Er hat es auf dich abgesehen... Du drehst dich um und rennst. Zwischen den Felsen zu deiner Rechten gibt es einen schmalen Durchgang. Du quetscht dich durch die Spalte in der Hoffnung, daß sie für den Leoparden zu eng ist. Steh still. Jeder Atemzug kann dich verraten. Während du versuchst, deinen Atem zu beruhigen, fallen von oben Steine herab, und du weißt, er kommt. Du wendest dich um, um denselben Weg, den du gekommen bist, wieder zurückzurennen, aber er schlägt mit seiner Pranke auf deinen Kopf und reißt deine Kopfhaut auf. Blut läuft über dein Gesicht. Schmecke den salzigen, eisenhaltigen Geschmack deines eigenen Blutes. Panik steigt in dir auf, und deine Angst wird noch heftiger, als du erkennst, daß er mit dir ein Spielchen treibt. Folge einem anderen Pfad. Er führt um eine scharfe Ecke und endet an einem hohen Felsen. Du steckst in der Falle...

Wenn du dich herumdrehst, mit dem Rücken zur Wand, siehst du, wie er auf dich zukommt. In seinen Augen ist nichts Schreckliches. Er kommt dir immer näher, sein Schwanz peitscht hin und her. Du bangst um dein Leben. Deine Fingernägel krallen sich in den harten Fels und versuchen irgend etwas zu finden, womit du dich verteidigen kannst. Gleichzeitig weißt du, daß du ihm gehörst. Du kannst deine Augen nicht von ihm lassen. Er starrt dich an, und sein Blick durchdringt dein gesamtes Wesen. Dieser Augenblick erscheint dir wie eine Ewigkeit...

Schließlich macht er einen Satz, mit einem Schlag seiner Pranke reißt er deinen Bauch auf, und deine Eingeweide fallen heraus...

In diesem Moment der Ewigkeit fällt alle Panik von dir ab, und du bist gezwungen, dich so zu sehen, wie du bist... Die Raubkatze legt ihre große Pranke auf deine Brust und schaut dich an. Jeder Versuch, dich zu bewegen, wird durch ihre ausgestreckte Pranke verhindert...

Als schließlich der entscheidende Moment auf dich zukommt, erkennst du, daß es soweit ist – es gibt keinen Ausweg mehr, du wirst sterben –, und du kannst ihrem Blick mit vollkommener Gelassenheit begegnen. Ganz bewußt öffnest du dein Herz und entspannst deinen gesamten physischen Körper. Lehne deinen Kopf zurück und entblöße deinen Hals für sie... Die große Katze zieht ihre Krallen etwas ein und beginnt ganz ruhig, das Blut aufzulecken, das aus deinem Körper rinnt. Sie schaut dich an, und ihre goldgrünen Augen leuchten in der Dunkelheit.

Bleib in der Gegenwart des Schneeleoparden, und du bekommst eine weitere Belehrung über dein Verhältnis zur Angst... *(Lange Pause)*

Er stupst dich mit der Nase zärtlich an und fängst an zu schnurren, als du erkennst, daß der Prozeß der Verbindung vollbracht ist. Eine große Fröhlichkeit ergreift deinen Geist, weil du weißt, daß du den Durchbruch geschafft hast...

Wenn du dein Erlebnis mit dem Schneeleoparden beendet hast, wird Thot da sein. Nimm dir Zeit, um das Erlebnis mit ihm zu besprechen...

(Thot wird dich zurück in deinen Körper geleiten... Du fühlst dich sicher und geborgen, so, als könntest du alles erreichen... Erde dich und finde deine Mitte...)

KROKODIL

Erfüllung deiner Wünsche

In Ägypten wurde das Krokodil in Gestalt des Gottes Sobek verehrt. Er ist eine sehr wichtige, wenngleich häufig mißverstandene Götterfigur des ägyptischen Pantheons.

Wenn du dein Gleichgewicht wiederfinden mußt, dann ist Sobek der richtige Verbündete. Seine Arbeit bezieht sich auf das Gehirn. Der Hypothalamus beim Menschen entspricht dem Gehirn des Reptils. Sobeks starke Heilkraft wird mit dem Hypothalamus in Verbindung gebracht, dem Teil des Gehirns, der das autonome Nervensystem beherrscht – die Drüsen, kleine Muskeln und alle unbewußten Körperfunktionen. Sobek beherrscht alle diese Funktionen. Das verschafft ihm eine Schlüsselstellung bei der Kommunikation mit dem Körper. Das Bewußtsein hat die Fähigkeit, mit dem Unbewußten zu kommunizieren. Wir nehmen dies normalerweise als eine Art Gefühl aus dem Bauch oder als Intuition wahr.

Der Sitz der Macht Sobeks befindet sich am Hypothalamus. Er ist der Vermittler zwischen dem Nervensystem und dem endokrinen System der Drüsen und Hormone. Er spürt Veränderungen im Körper auf und lenkt die Hormone. Der Hypothalamus ist das Zentrum der Macht des Geistes über den Körper. Das reptilische Gehirn dreht sich um die grundlegenden Emotionen – Wut, Aggression, Sex und alle Triebe, die sich auf unsere eher animalische Seite beziehen. Darüber hinaus kontrolliert es unsere Körpertemperatur.

Weil der Hypothalamus die Biorhythmen reguliert, steht Sobek in enger Verbindung mit den natürlichen Gezeiten der Dinge. Sein Anteil am Gehirn ist als das «Appetitzentrum» bekannt, das dir zu verstehen gibt, ob du hungrig bist oder nicht. Daher kann Sobek dir auch bei Verdauungsproblemen helfen. Auch die Zentren, die mit Durst sowie Schlafen und Wachen zu tun haben, gehören zu seiner Einflußsphäre.

Um göttlich zu werden, müssen wir unser animalisches Selbst akzeptieren und unser reptilisches Selbst ins Gleichgewicht bringen. Das Krokodil ist die höchste Entwicklungsstufe des Reptils, der Herrscher des reptilischen Teil unseres Gehirns. Es bildet die Verbindung zwischen unserer Intuition und unserem wissenschaftlichen Denken.

Deine Angst vor Krokodilen kann abgebaut werden, indem du deine Fähigkeit zur Selbstbestimmung und Sobeks Sinn für Humor erkennst, der eher reptilisch als zerebral ist und auf dem Lustprinzip beruht. Seine Scherze sind voller Selbstironie und von kindlicher Einfalt.

Die Reise, die Sobek in den Kessel eingebracht hat, dreht sich darum, zu bekommen, was du willst. Sie ist sehr mächtig und sollte nicht übermäßig gebraucht werden. Sobald du lernst, wie das Krokodil seine Ziele erreicht, solltest du sehr kritisch sein, wie oft du diese Technik anwendest, und immer dein Ziel vor Augen haben, wenn du dich aufmachst, Sobek zu besuchen. Bitte immer nur um *eine* Sache, wenn du dich auf die Reise machst, damit du dich genau auf das konzentrieren kannst, was du willst. Und vergiß nicht, dir genau zu überlegen, worum du bittest, denn es könnte gut sein, daß du es auch bekommst.

Sobeks Reise

(Führe die Alchemie durch...)

Wenn du aus der Alchemie herauskommst, führt Thot dich zu einem Tempel in Ägypten am Ufer des Nils. An der Seite des Tempels befinden sich Stufen, die hinab zum Ufer eines natürlichen Teichs oder Sees führen, das mit Schilf und anderen Wasserpflanzen gesäumt ist.

Aus dem Wasser schauen dich viele Augenpaare an. Nun kannst du einige der Gesichter erkennen. Sie gehören zu Krokodilköpfen, die aus dem Wasser lugen. Die Krokodile fangen an, herumzuschwimmen, immer im Kreis, und erzeugen einen Strudel. Sie lokken dich mit ihren Schwänzen und zeigen dir, wo du hineinspringen sollst: in die Mitte des Strudels, den sie erzeugen... Spring!

Du wirst hinabgezogen, immer tiefer und tiefer – und noch tiefer. Mittlerweile bist du nicht mehr von Wasser, sondern nur noch von Krokodilskörpern umgeben. Die Ränder des Wirbels bestehen aus Krokodilleibern. Während du in dem Strudel versinkst, wirst du selbst zu einem Krokodil. Fühle dich als Krokodil. Werde dir der Schuppen auf deinem langgestreckten Körper bewußt und der riesigen Klauen an deinen Füßen. Du kannst nicht sehr gut geradeaus sehen, aber dafür um so besser nach den Seiten, denn du bist imstande, deine Augen auf beiden Seiten des Kopfes unabhängig voneinander zu rollen. Sperr deine Kiefer ganz weit auf. Freunde dich mit deinen Zähnen an, ihre Größe und Form...

Setz dich hin mit deinem Maul halb geöffnet, die Augen halb nach oben gerollt. Entspann dich und schau dir die Dinge aus Krokodilsperspektive an. Der Strudel ist zum Stillstand gekommen. Es gibt noch weitere Krokodile, die sich in der Gegend herumtreiben und im Wasser spielen. Achte darauf, wie sie sich miteinander verständigen...

Du kannst vom Krokodil lernen, die Dinge ganz genau zu beobachten, klarer zu sehen, zuzuschlagen, wenn die Zeit gekommen ist, und abzuwarten, bis es soweit ist. Solange du geduldig abwartest, denk darüber nach, was du willst. Fang an, deine Energie zu sammeln. Achte darauf, wie du in dieser schwülen Hitze deine Energie sammeln kannst. Äußerlich bist du ganz entspannt, wartest geduldig, doch dein ruhiges Äußeres ist wie der Mantel einer Bombe.

Achte ganz aufmerksam auf die allmähliche Steigerung der Spannung in dem Geduldsspiel des Krokodils. Du weißt genau, worauf du es abgesehen hast. Spüre das Ansteigen der Kraft, das Sammeln der Energien. Es beginnt in der Mitte deines Bauchs und breitet sich allmählich aus wie ein Ballon, der aufgeblasen wird. Wenn es soweit ist, fühlst du dich ganz erfüllt. Dein Körper ist zum Bersten voll, aufgebläht bis an die Augen. Du erbebst in der Fülle deiner Kraft, die du in dir gesammelt hast.

Konzentriere dich genau auf das, was du willst. Du hast es bereits in deinem bequemen, entspannten Zustand identifiziert. Du hast die Fähigkeit, genau zu wissen, wann du dich zu bewegen hast, wann es Zeit ist, die gesammelte Energie einzusetzen. Nun mach dir eine klare Vorstellung deines Ziels – und hol es dir! Du springst auf dein Ziel wie eine eiserne Falle, die schlagartig zuschnappt... *(Lange Pause)*

Wenn du deine Arbeit als Krokodil vollbracht hast, schlag ein paarmal mit dem Schwanz, um dich mit dem Strudel zu verbinden. Du wirst gezogen, hineingesogen in den Strudel – zurück, zurück, immer weiter zurück an den Rand des Teichs. Du wirst dich am Ufer wiederfinden und gerade noch sehen, wie das Krokodil in den Teich hineingleitet...

Biete deinem Krokodilfreund ein Opfer in Form von etwas Eßbarem an... Nimm alle weiteren Botschaften, die er für dich bereithält, entgegen...

Thot ist da, um dein Erlebnis mit dir zu besprechen...

(Wenn es Zeit ist, wird Thot dir zurück in deinen Körper helfen...)

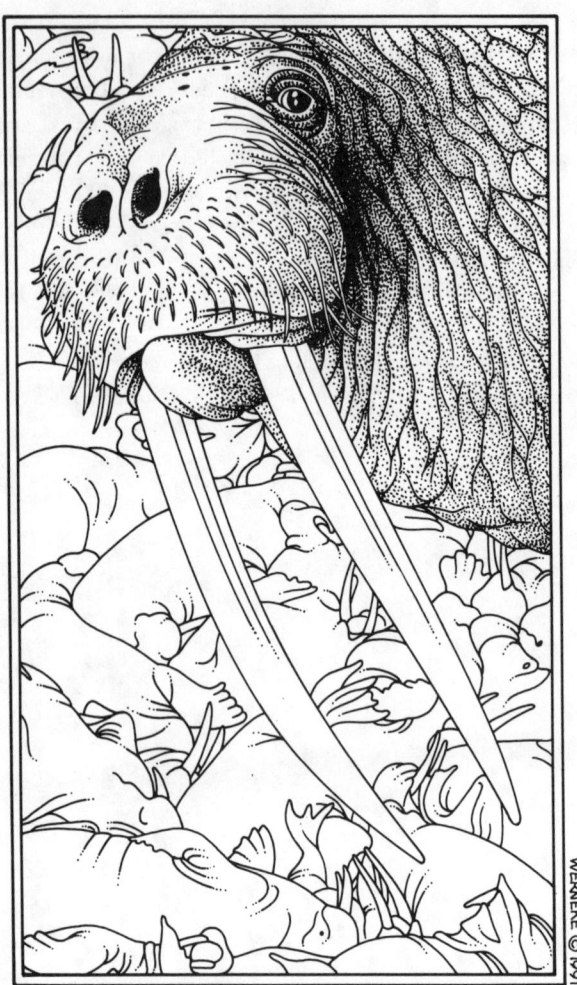

WERNEKE © 1991

WALROSS

Umgang mit Geld

Das Walroß ist gekommen, um unser Verhältnis zum Geld zu heilen. Für diese Reise erschien es und sah ein wenig aus wie ein Bankdirektor, mit einem Schnauzbart, aber ohne Zigarre. Sein Revier ist das Meer mit allem seinem Reichtum. Das Walroß symbolisiert das Geld wegen seines Körpers, der seinen Jägern vieles zu bieten hat. Seine Stoßzähne, die er gebraucht, um Muscheln und Krustentiere vom Boden und von Felsen zu lösen, sind wegen ihres Elfenbeins sehr begehrt; seine Speckschicht liefert einen Tran, der als Lampenöl Licht und Wärme spendet.

Walrosse machen gelegentlich einen ziemlich streitlustigen Eindruck, und man kann verstehen, daß sie, obwohl sie normalerweise recht gutmütig sind, durchaus schon einmal einen Menschen angreifen können, wenn sie sich bedroht fühlen. Für die Eskimos in der Arktis von Alaska bis Grönland war die Walroßjagd stets ein gefährliches Unterfangen, aber das Risiko wert. Aus den Knochen der Tiere wurden Harpunenhaken hergestellt, die dann dazu gebraucht wurden, sie zu töten. Ihr Fleisch wurde eingelagert und an die Schlittenhunde verfüttert, und die Häute wurden von den Eskimos verwendet, um ihre Boote zu bauen. Aus den Zähnen und Stoßzähnen wurden Angelhaken, Kämme und andere Werkzeuge hergestellt, und das Elfenbein wurde von Eskimokunsthandwerkern zu feinen Schnitzereien verarbeitet.

Ein Walroß symbolisiert die Vertrautheit im Umgang mit Geld, einem Mittel, das angemessen benutzt werden muß, sowohl auf der persönlichen als auch auf der planetarischen Ebene. Wenn du Widerstände gegen Geld hast, blockierst du den Energiefluß, was zu Schwierigkeiten und Krankheit führen kann. Der geizige oder machtbesessene Umgang mit Geld behindert den freien Fluß der Energie und führt zu einem Verlust des Gleichgewichts. Gier führt zur

Vernichtung vieler Arten um des Geldes willen, das die Vermarktung der Körperteile einbringt. Obwohl Sparen Sicherheit bringt, muß dies bewußt geschehen und mit guten Absichten, sonst entsteht auch hier ein Mißverhältnis.

Wenn du deine Beziehung zum Geld heilst, wird sich dein Energieniveau erhöhen. Das Walroß kann dir bei deinen Investitionen helfen, indem es dir zeigt, wie du deine Mittel richtig nutzen kannst. Es kann dich bei geschäftlichen Verhandlungen unterstützen und ist sehr hilfreich für Menschen, die ihr eigenes Geschäft führen.

Walrosse sind Herdentiere, die alljährlich auf Wanderschaft gehen. Obwohl wir sie an Land als ziemlich unbeholfen erleben, sind sie im Wasser sehr gewandt. Sie können im Meer weite Strecken zurücklegen, weil sie die Meeresströmungen kennen und genau wissen, wie sie natürliche Bewegungen des Meeres ausnutzen können. Statt zu schwimmen, fahren sie auch oft «per Anhalter» auf großen Eisschollen mit, die nach Norden treiben. Das Walroß kann dich lehren, den Weg des geringsten Widerstandes zu gehen, um Möglichkeiten zu eröffnen und Energien in Bewegung zu bringen. Die Medizin des Walrosses hat mit Energieflüssen zu tun. Als heilender Totem ist es ganz besonders hilfreich für alle Menschen mit hohem Blutdruck und Nervosität, denn er kann zeigen, wie man verstopfte Arterien befreit und die Strömungen im Körper ungehindert fließen lassen kann.

Bevor du dich auf diese Reise machst, solltest du dir Zeit nehmen und überlegen, welches Verhältnis du zum Geld hast und was es dir bedeutet.

Walroßreise

(*Führe die Alchemie durch...*)

Bitte Thot, dich zum Walroß zu führen, und er wird dir die eisigen Küsten der Arktis zeigen. Die Landschaft ist flach und weiß, bis auf die riesigen Felsen, die durch die unablässige Brandung sowie durch

Eis und Schnee ganz rundgeschliffen sind. Die Küstenlinie geht übergangslos in den blassen Himmel über. Die schwache arktische Sonne wärmt die Walrosse, die an dem kahlen Strand liegen, zwischen den hereinrollenden Wellen und den Felsen.

Das erste, was dir auffällt, als du dich den Walrossen näherst, ist ihre gewaltige Größe. Deine Aufmerksamkeit wird von einem bestimmten Walroß angezogen. Es könnte einer der großen Bullen sein, die träge in der Sonne liegen, oder auch eine der etwas kleineren Kühe. Du schaust deinem neuen Walroßfreund in die Augen, nimmst Kontakt auf und spürst dabei eine Art innere Verbindung. Deine Sinne werden schärfer, du hörst die Töne, welche die Tiere von sich geben, plötzlich ganz deutlich und merkst, daß dir ein Verständnis ihrer Sprache angeboren ist. Er lädt dich ein, näherzukommen, und du siehst seine großen Barthaare und die Falten in seiner schwabbeligen Haut. Das Walroß bietet seine Freundschaft an...

Nimm dir etwas Zeit, um dich mit dem Walroß zu verständigen, und er wird dir Einblicke in einen produktiveren und heilsameren Umgang mit Geld gewähren. Er wird dir Informationen über deine gegenwärtige finanzielle Situation geben und dir zeigen, wie er dir beim Umgang mit Geld helfen kann... *(Lange Pause)*

Das Walroß wird wahrscheinlich erwarten, daß du die Informationen, welche du von ihm erhältst, auch nutzt. Daher solltest du es mitnehmen, wenn du die Angelegenheiten angehst, um die es auf dieser Reise geht. Er bietet dir eine kleine Elfenbeinschnitzerei an, ein Porträt seiner selbst, als Fetisch, den du immer bei dir tragen kannst, um ihn immer, wenn du seinen Rat brauchst, anrufen zu können...

Möglicherweise hat das Walroß dir noch weitere Heiltechniken mitzuteilen. So kann es dir beispielsweise zeigen, wie du Energieblockaden beseitigen und deine Energie, sobald du sie freigesetzt hast, besser nutzen kannst. Mach dich auf Überraschungen gefaßt... *(Lange Pause)*

Um dem Walroß zu danken, kannst du Energie von deinem Herzen dem ganzen Planeten senden, um das Durcheinander, welches durch falschen Gebrauch von Geld angerichtet wird, zu heilen. Wenn du bereit bist, ruf Thot an. Besprich dein Erlebnis mit ihm...

(Thot wird dir helfen, in deinen Körper zurückzukehren...)

KÄNGURUH

Ausgleich des Bösen

Wenn man an Australien denkt, denkt man zuerst an das Känguruh, ein verbreitetes Beuteltier, das dort ebenso häufig anzutreffen ist wie bei uns Rehe und Hasen. Es gibt über sechzig verschiedene Känguruharten. Für die australischen Ureinwohner sind die Känguruhs das Symbol des Reichtums der Natur. Ebenso wie dies für die nordamerikanischen Ureinwohner einst der Büffel tat, liefert das wundervolle Känguruh alles, was man zum Leben braucht: Nahrung, Fasern, Kleidung und Werkzeuge. Viele der Tänze und Zeremonien der Aborigines drehen sich um die Jagd oder das Verhalten des Känguruhs. Leider werden sie von vielen Menschen als Schädlinge angesehen und häufig zum Vergnügen oder um sie loszuwerden abgeschossen.

Känguruhs sind machtvolle Verbündete. Wenn du dir des Wirkens des Bösen irgendwo auf dem Planeten bewußt bist, kannst du deine Besorgnis den Känguruhs anvertrauen, und sie werden ein altes Ritual vollziehen, welches dem Bösen, das die Menschen vollbringen, entgegenwirkt und es ausgleicht. Achte jedoch genau darauf, welche Themen du wählst, um sie den Känguruhs vorzutragen.

Dies ist eine Reise in die Traumzeit der australischen Aborigines. Jedesmal wenn du zu den Känguruhs zurückkehrst, wirst du das Wesen dieser wunderbaren Geschöpfe besser kennenlernen und die Verbindung schätzen lernen, die sie dir zur Traumzeit geschaffen haben.

Du kannst die Reise noch intensivieren, indem du im Hintergrund eine Didgeridoo-Musik spielst.

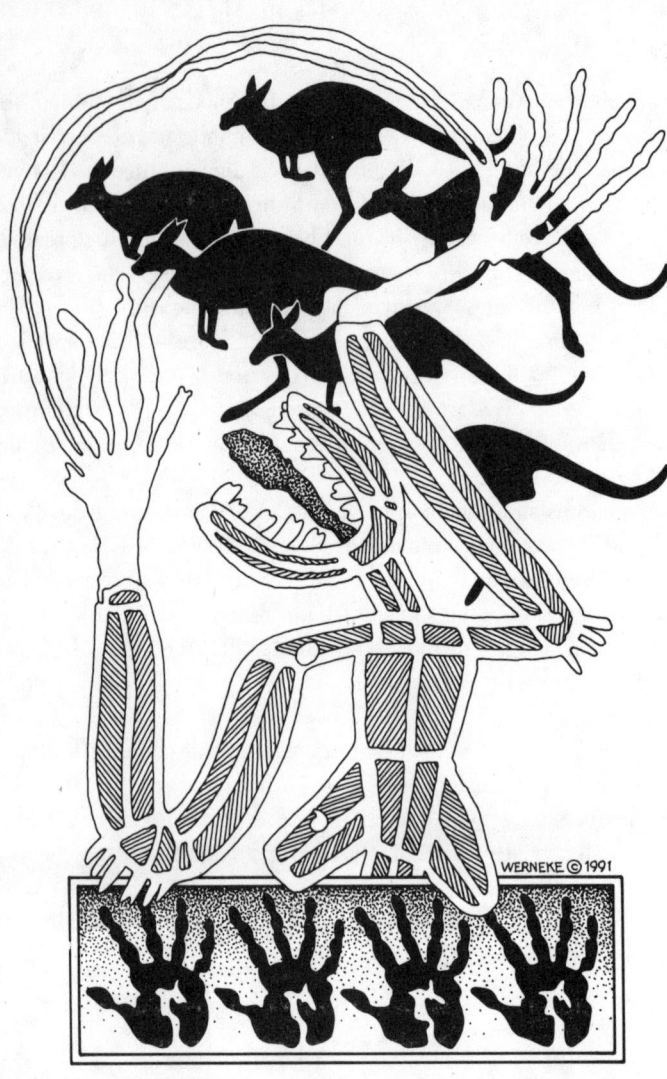

WERNEKE © 1991

(Führe die Alchemie durch...)

Thot trägt an den Füßen und über die Schultern Känguruhfelle. Du überblickst eine weite Ebene, auf der sich viele Känguruhs tummeln. Mach dich mit der weitläufigen Landschaft vertraut. In der Ferne siehst du einen «Teufelssturm»: dunkle Wolkentürme und Wirbelstürme, die nichts Gutes verheißen. Die Känguruhs scheinen durch das drohende Unwetter veranlaßt worden zu sein, aus allen Richtungen an einen Ort in deiner Nähe zu laufen, an dem es eine Öffnung in der Erde gibt. Du gehst näher heran und merkst, daß viele der «Känguruhs» Menschen sind, die sich Känguruhhäute übergezogen haben. Geh mit den Känguruhs, wenn sie sich an einem uralten geheimen Treffpunkt in einer Höhle tief unter der Erde zusammenfinden. Du kannst beobachten, wie sich so etwas wie ein Stammestreffen vollzieht. Du hörst das tiefe, vibrierende Brummen eines Didgeridoos.

Die Känguruhs stellen sich im Kreis auf, und du schließt dich an. In der Mitte ist auf dem Boden ein Bild gemalt, schwarz, rot und weiß, in Gestalt eines abstrakten kreisförmigen Musters. Im Verlauf der Zeremonie kann sich das Bild verändern. Öffne dein Herz und bring zum Ausdruck, was dich belastet – was du Böses gesehen hast, was die Aufmerksamkeit deiner machtvollen Verbündeten erfordert... *(Pause)*

Du erhältst eine Belehrung über die besondere Situation, die du vor die Känguruh-Versammlung gebracht hast... Paß gut auf, denn es könnten Vorschläge dabei sein, was du tun kannst, um die Situation zu heilen...

Aus dem Schatten tritt ein Medizingeist mit einer Maske in die Mitte des Kreises. Er hat die Gestalt eines kleinen Menschen mit einem sehr großen Kopf und wilden, weißen, struppigen Haaren. Sein Körper ist grau, als hätte er sich mit einer kreideartigen Substanz eingepudert. Er ist ein wilder Krieger.

Er beginnt sich um die Mitte des Kreises zu bewegen und gibt dabei allen Anwesenden farbige Bänder. Die Bänder kommen aus

153

seinem Bauch, wie farbige Nabelschnuren. Er gibt dir eine der Schnüre. Du hältst sie vorsichtig, aber fest in der Hand. Jeder in der Runde bekommt eine Schnur. Der Medizingeist stellt sich auf sein rechtes Bein und beginnt sich zu drehen. Dabei steigt er immer höher hinauf in die Luft. Alle folgen ihm und fühlen sich vom Erdboden abgehoben. Die Spirale dreht sich immer schneller und immer höher. Du spürst, wie du durch die Erdkruste kreist, hoch über die australische Steppe, über das heraufziehende Gewitter. Euer Kreis wird immer weiter, und die Nabelschnuren spannen sich, während ihr mit jeder Umdrehung immer höher steigt.

Während ihr euch noch höher über die Erdoberfläche erhebt, kannst du unter dir den gesamten australischen Kontinent erblikken. Deine Perspektive verändert sich, als du eine Höhe erreichst, von der aus du den gesamten Globus überblicken kannst. Von hier aus kannst du, wenn du über dich schaust, ganz klar die Sterne im dunklen Weltraum erkennen. Es ist, als seist du durch den Spalt in der Welt, den Zwischenraum geschlüpft, von dem aus du direkt mit der Traumzeit kommunizieren kannst. Der Medizingeist wird diesen Raum für dich genauso lange aufrechterhalten, wie du ihn brauchst, um genügend Informationen oder Erfahrungen zu erhalten, die sich auf deine ursprüngliche Frage beziehen...

(Lange Pause)

Wenn es Zeit ist, wechselt der Geist die Richtung, indem er seinen Schwerpunkt auf das linke Bein verlagert. Sofort beginnt der ganze Kreis sich abwärts zu drehen, durch die Wolken und durch die Erdkruste zurück in die Höhle unter der Erde...

Wenn du zurückgekehrt bist, sitzt du wieder in der Höhle auf dem Boden. Die Nabelschnüre kehren zum Medizingeist zurück.

Wenn du die Höhle verläßt, leg deine Hand mit der Handfläche nach unten in eine Vertiefung in der Erde neben dem Eingang, die mit einer dicken roten Substanz gefüllt ist, und hinterlaß deinen Abdruck an der Wand. Während du dies tust, achte auf die vielen Handabdrücke auf der Wand, die Abdrücke deiner Vorgänger, die auf dieselbe Weise eingeweiht wurden.

Du bist zurück auf der Ebene, und die ersten Blitze zucken auf. In der Ferne rollt der Donner.

Thot trifft dich auf der weiten Ebene im australischen Busch, und du kannst dein Erlebnis mit ihm besprechen...

(Thot hilft dir bei der Rückkehr in dein gewöhnliches Bewußtsein...)

HONIGBIENE

Rückgabe an die Erde

Honigbienen repräsentieren die weibliche Wirkkraft in der Natur. Ihr Honig ist die Süße der Liebe. Sie sind der Göttin geweiht und leben in einem Matriarchat mit einer Königin an der Spitze. Die Priesterinnen der Aphrodite wurden auch *melissae* genannt, was soviel heißt wie «Bienen», ebenso wie die Priesterinnen im Amazonasgebiet gelegentlich als Bienen bezeichnet wurden.

Das Summen der Bienen wird häufig mit einer Steigerung der Energie in Verbindung gebracht, die zur Ekstase im Nirvana führt, und ein Mensch in einer Grube, bedeckt von Bienen, gilt als Symbol der Erleuchtung. Die Biene ist ein sehr wichtiges, heiliges Symbol im Buddhismus, und Buddha wurde häufig in Gesellschaft eines menschenförmigen Bienenschwarms dargestellt.

Die zahlreichen heilenden Eigenschaften der Biene tragen zum Werk der Göttin bei, fördern die Heilung, stärken und schützen unser Immunsystem. Der Stich der Biene gilt als heilsam für Rheuma, und viele andere Heilwirkungen der Biene sind in der neueren Forschung bekannt geworden.

Ohne die Honigbiene hätten wir keine Blüten und keine Früchte, denn die Pollenbefruchtung der Biene ist eine notwendige Funktion bei der natürlichen Vermehrung der Pflanzen – was sie der Natur geben ist weitaus mehr, als was sie nehmen. Der Mensch kann von der Biene lernen, selbstlos zu sein.

Auch für Menschen, die sich gestaltend mit ihrer Umwelt auseinandersetzen, Landschaftsgestaltung, Architektur oder Städteplanung studieren oder praktizieren, können Bienen eine Inspiration sein. Wenn wir sehen, wie die Bienen den Platz in ihrem Stock ausnutzen, beginnen wir zu erkennen, wie künstlich und unauthentisch die menschliche Architektur geworden ist und wie nachteilig wir die Umwelt unseres Planeten verändert haben.

Diese Reise ist für Menschen, die gern auf eine produktivere und heilsamere Weise mit der Erde arbeiten und dabei die natürlichen Abläufe nutzen wollen, um der Erde das zurückzugeben, was man ihr genommen hat. Sie ermöglicht dem Reisenden, einen Einzelaspekt oder einen Gedanken seiner Auseinandersetzung mit der Umwelt sehr sorgfältig unter die Lupe zu nehmen.

Wir versuchen zu verstehen, wie wir als Gesellschaft, von der Kleinfamilie bis zur Weltgemeinschaft, lernen können, in Harmonie und Frieden miteinander zu leben. Wir erforschen, wie wir die Probleme der Welt *miteinander* lösen können, nicht jeder für sich allein. Jedesmal, wenn du dich auf diese Reise begibst, wirst du eine besondere Aufgabe erhalten, die du in die Welt hineintragen kannst.

In erster Linie ist die Bienenreise jedoch für alle Menschen gedacht, die ein Interesse daran haben, aktiv zu werden und der Erde mehr zurückzugeben, als sie von ihr nehmen.

Bienenreise

(Führe die Alchemie des Kessels durch...)

Thot sitzt in einem wunderschönen Garten, in dem viele verschiedene Arten von Blumen wachsen. Obstbäume mit weißen und rosa Blüten wiegen sich im Wind, der sanft durch den Garten weht. Es ist ein warmer Tag, und die Sonne segnet freundlich die Erde. Thot öffnet langsam die Hand, und auf seiner Handfläche sitzt eine Biene.

Es ist faszinierend, sich diese Biene genauer anzuschauen. Achte genau auf die pelzigen gelblichen und dunkelbraunen Streifen auf ihrem Hinterteil. Ihre Flügel, die nur selten stillstehen, schlagen nun in einem langsamen Rhythmus, der deine Aufmerksamkeit erregt. Du schaust in ihre zeitlosen Augen und verwandelst dich, trittst in den Körper der Biene ein...

Im Körper mit deiner neuen Bienenfreundin fliegst du auf ihren Schwarm zu, der sich in einem nahegelegenen Baum befindet. Das Summen deiner Flügel erzeugt eine Schwingung, der zur Kommunikation mit den anderen Bienen im Schwarm dient. Es ist ein akustischer Code, der ihnen zu verstehen gibt, wer du bist.

Tritt in deinen Schwarm ein. Plötzlich bist du von den Schwingungen einer summenden Resonanz ergriffen, die den gesamten Stock durchdringt und sich durch die Umgebung verbreitet... Achte darauf, wie die Architektur des Bienenstocks eine perfekte Lebensumwelt erzeugt. Diese komplexe natürliche Architektur des Stocks nutzt konkave und konvexe Muster. Das Summen klingt durch die Formen und erzeugt Wellen, die sich durch deinen Körper bewegen... *(Pause)*

Achte auch darauf, wie sich die Bienen in Harmonie mit ihrem selbst erzeugten Lebensraum befinden und welches Raumgefühl darin herrscht. Es fühlt sich keineswegs eng darin an, obwohl es viele Bienen gibt, die alle eifrig mit ihrer speziellen Aufgabe zur Aufrechterhaltung des Stocks beschäftigt sind. Spüre in dir das Bedürfnis aufsteigen, ebenfalls deinen Anteil beizutragen...

Du mußt nun den Stock verlassen, um Pollen zu sammeln. Während du dich auf den Ausgang zubewegst, bemerkst du überall um dich herum fleißige Aktivität. Außerhalb des Stocks lockt der Garten. Die Sonne ist ein absoluter Orientierungspunkt für dich, während du dich von Blüte zu Blüte bewegst und sorgfältig in der Mitte jeder Blüte innehältst, um den Pollen einzusammeln. Das berauschende Aroma der Blüten, gemischt mit der Ekstase deines Fluges, ist etwas äußerst Köstliches...

Wenn du die Last des eingesammelten Pollens kaum noch tragen kannst, kehrst du zurück zu deinem Bienenstock. Während du deinen Pollen ins Innere des Stocks trägst, dringt von allen Seiten ein enormes Summen auf dich ein, und du merkst, daß du einen Tanz vollführst, der den anderen Bienen mitteilt, wo der beste Pollen zu finden ist... *(Pause)*

Du wirst zur Kammer der Königin eskortiert, wo man dir Gelee Royale anbietet und Anweisungen gibt, welcher Art dein Dienst an der Gemeinschaft zu sein hat. Du erhältst die Aufgabe, einen vollständigen Zyklus des Nehmens und Gebens mit der Erde zu vollenden...

Diesmal kannst du während deines Aufenthaltes im Bienenstock beginnen, die Natur aus einer neuen Perspektive zu sehen, mehr Verantwortung zu übernehmen und die Beziehung zu deiner jeweiligen Umwelt, in der du dich auf diesem Planeten befindest, zu intensivieren. Als ein Dankeschön an die Bienen kannst du dich entschließen, etwas zu tun, um deine unmittelbare Umgebung oder die Erde insgesamt in irgendeiner Weise zu verbessern.

Wenn du dich dann auf den Ausgang des Bienenstocks zubewegst, frage nach Thot, und du wirst dich in deiner menschlichen Gestalt auf dem Boden stehend wiederfinden, an seiner Seite. Frage ihn nach weiteren Erklärungen bezüglich der Lehre, die du hier erhalten hast...

(Thot wird dich zurückgeleiten...)

FÜNFTER TEIL

Heilreisen

Diese Reisen bieten eine Gelegenheit, neue Wege zu erkunden, dich selbst und andere zu heilen. Viele andere Reisen im goldenen Kessel werden ebenfalls zur Heilung beitragen, weil Heilung die natürliche Folge des Wachstums an Weisheit und Wissen ist

WERNEKE © 1991

BÄR

**Träume
Kristalle
Kräuter**

Der Bär ist eines der ältesten bekannten Totemtiere. Er bietet Nahrung, Kraft, Schutz und Weisheit. In vielen Naturvölkern gibt es Mythen und Gebräuche, die große Wertschätzung für den Bären zum Ausdruck bringen. Alte Legenden sprechen von einer Zeit, in der die Menschen mit Bruder und Schwester Bär eine Höhle teilten.

Der Bär ist der Hüter des Herzchakras der Erde. Die Reise, die er in den goldenen Kessel bringt, wird dein Bewußtsein von unserem Planeten als einem lebendigen Wesen erhöhen. Möglicherweise haben wir die Theorie von der Erde als lebendigem Organismus zwar verstanden, aber fühlen es noch nicht in unserem Körper, unserem Herzen und unseren Knochen. Dies zu erfahren ist die wichtigste Funktion des Bären in der folgenden Reise.

Sobald du mit jeder Zelle deines Wesens den Herzschlag von Mutter Natur verspürt hast, wirst du nie wieder den Rhythmus verlieren, der dich mit allen Dingen verbindet. Dein emotionaler Körper kann durch das Erkennen der Resonanz, der Verbindung mit jenem Puls große Heilung erfahren. Laß ihn Teil deines Wesens werden. Nie wieder wirst du dich allein und getrennt von Mutter Natur fühlen. Durch das Spüren dieses Pulses kannst du beginnen, die Bedeutung der Zeit zu begreifen, des Ein- und Ausatmens der Natur wie die Wellen des Ozeans, die Gezeiten der Erde. Es ist, als würdest du mit deinem Kopf an der Brust eines geliebten Menschen ruhen. Der Bär hilft dir, diese innige Verbindung zu erfahren.

Einige Wesen können dich besonders viel über das Heilen lehren. Thot ist dafür gut, weil Verständnis und Wissen natürlicherweise heilsam wirken. Der Bär ebenfalls. Er ist ein besonders hilf-reicher Verbündeter, weil er mit den Kräutern und Kristallen ver-traut ist, die man tief in den Höhlen finden kann, in denen er zu Hause ist.

Der Bär ist ein großartiger heilsamer Verbündeter. Mit seinen flinken, geschickten Krallen ist er in der Lage, krankes Gewebe aus dem Körper zu entfernen, und er ist dafür bekannt, daß er innerhalb eines Teams spiritueller Heiler die kompliziertesten psychischen Operationen durchführen kann. Oft braut er aus seinem Vorrat an Kräutern einen Trank, mit dem Schmerzen erleichtert und in eini-gen Fällen die Erinnerung wiederhergestellt werden kann, so daß die Menschen die Ursachen für ihre Krankheiten erkennen können. Als Totem bietet der Bär Fürsorge, Kraft, Schutz und Weisheit.

Kinder – und insbesondere dein inneres Kind – erfreuen sich am Spiel mit dem Bär. Der Bär beschäftigt sich liebend gern mit Kin-dern. Ich habe meine Bärenfreundin Kindern vorgestellt, die gerade vier Jahre alt waren und Bären als Begleiter und Lehrer schätzen. Manchmal kann es gegen Angst vor Dunkelheit und Alleinsein hel-fen, einen Bärenfreund zu haben.

Meine Bärenfreundin heißt *Eawokka*. Ihr Name bedeutet soviel wie «Bärin der Sternennacht». Sie ist eine Grizzlybär-Großmutter mit zimtfarbenem Fell. Allerdings wird jeder Mensch, der sich auf die Reise zu Eawokka begibt, seine eigene, ihm angemessene Bären-gestalt zu sehen bekommen.

Um die Bärin durch den goldenen Kessel zu besuchen, mußt du dich ins kalte, finstere Reich des Eises und der Kristalle begeben. Diese Reise führt dich an einen Ort, an dem du Aura-Erscheinun-gen sehen kannst, ähnlich des Nordlichts, der *aurora borealis*, der Aura der Erde.

Mit der Bärin kannst du in jene düsteren Regionen reisen, die der Mensch am meisten fürchtet. Dort kannst du etwas über Kristalle lernen und mit ihnen arbeiten, denn es gibt Kristalle in der Höhle, die noch niemals von einem Menschen gesehen, geschweige denn gebraucht wurden. Darüber hinaus findest du dort Bergkristalle und andere bekannte Steine.

Falls du den Wunsch hast, sehr viel mit der Bärin zu arbeiten, solltest du vielleicht einen kleinen geschnitzten Medizinbären oder ein Bild eines Bären bei dir tragen, um deinem Bewußtsein zu helfen, eine direktere Verbindung zu den Bären zu finden.

Achte besonders auf die Bärin, wenn sie in deinen Träumen erscheint, und hör auf die Botschaft, die sie dir bringt. Bären sind in der Traumzeit immer aktiv, besonders während des Winterschlafs, wenn sie ihre Trancearbeit vollziehen. Wenn du von einer Bärin träumst, ist es Zeit, diese Reise zu unternehmen.

Dein erster Besuch bei Eawokka ist eine Initiation. Du wirst Gelegenheit haben, ein Gefühl für die Möglichkeiten der Bärin als Verbündete und als Lehrerin zu bekommen, so daß du bei beim zweiten Besuch eine spezifische Frage mitbringen kannst. Wenn du mit der Bärin arbeitest, solltest du dich auf längere Besuche einstellen, denn sie hat sehr viel zu erzählen und ist gewillt, sehr lange Zeit mit dir zu verbringen.

Ein sehr langsamer, stetiger Trommelrhythmus ist auf dieser Reise hilfreich. Vielleicht kannst du jemanden für dich trommeln lassen, oder du läßt im Hintergrund eine Trommelmusik spielen.

Stelle, wenn immer möglich, deine bloßen Füße auf die Erde, damit du den Rhythmus der Erde spürst.

Bärenreise

(Beginne mit der Alchemie...)

Thot weist den Weg zur Wohnung der Bärin in den dunklen, kalten Regionen des Nordens. Du befindest dich auf einem ausgetretenen Pfad in einem fernen Land des Eises und der Kristalle, einer bergigen Gegend. Der Pfad verläuft teilweise hoch über dem Tal eines Flusses, windet sich über einen Hügel und endet vor dem Eingang der Höhle der Bärin. Halte an und lausche... In der Höhle kannst du Eawokka hören. Sie bewegt sich schaukelnd vor und zurück, hin und her, und trommelt – bumm, bumm, bumm –, um dich in Kontakt mit dem Herzschlag von Gaia, Mutter Erde, zu bringen. Hör auf den Rhythmus... Stimme dich ein in die Resonanz mit dem Puls der Mutter... Fühle ihn in deinen Zellen und Knochen... Fühle ihn durch deine Füße...

(Lange Pause)

Wenn du in deinem ganzen Körper den Puls fühlen kannst, rufe dreimal lautlos Eawokkas Namen, und sie wird gemächlich aus ihrer Höhle herauskommen, um dich zu begrüßen...

Achte auf das Medaillon, das Eawokka um ihren Hals trägt. Möglicherweise läßt sie dich auf ihren Rücken klettern und das Band des Medaillons wie Zügel in den Händen halten. Oder du wanderst mit ihr, und sie führt dich zu einem unberührten See nicht weit von ihrer Höhle. Möglicherweise stößt sie dich ein wenig an, damit du in das eiskalte Wasser hineinspringst. Der Schock, den du verspürst, wenn du in das kalte Wasser eintauchst, regt eine sehr tiefe Ebene deines Wesens an. Obwohl du augenblicklich wieder aus dem Wasser herauskommst, bleibt der Effekt erhalten, und du hast eine tiefgreifende Läuterung erfahren.

Eawokka nimmt dich nun mit auf eine Reise, um den Rahmen für eure Beziehung abzustecken. Vielleicht führt sie dich in den Wald, um Kräuter zu sammeln, oder sie lädt dich ein in ihre Wohnung zum Tee, um dir ihre Kristalle zu zeigen und dich in deren Gebrauch einzuweisen. Die Bärin kennt auch den Weg zu den Sternen. Laß sie sich auf jene tiefgreifende Weise mit dir verbinden, die nur für dich, nur zu diesem Augenblick möglich ist... *(Lange Pause, um diese Erfahrung zu vollenden...)*

Eawokka nimmt dich mit in einen sehr tiefen Teil ihrer Höhle, deren Gewölbe voller Kristalle ist, die dort wachsen. Es ist feucht und kühl, und Wasser tropft von den Wänden. Hin und wieder nimmt sie einen Kristall von der Decke und reicht ihn dir, damit du ihn in deinem eigenen Heilungsprozeß nutzen kannst.

Du könntest ihr nun ein Geschenk machen, um sie in ihrer Arbeit zu unterstützen...

Wenn deine Zeit gekommen ist, folgst du dem Pfad zurück, dorthin, wo dich Thot erwartet, um etwas Zeit mit dir zu verbringen und mit dir über dein Erlebnis zu sprechen...

(Thot wird dir zurück in deinen Körper helfen. Achte darauf, dich zu erden und deine Mitte zu finden...)

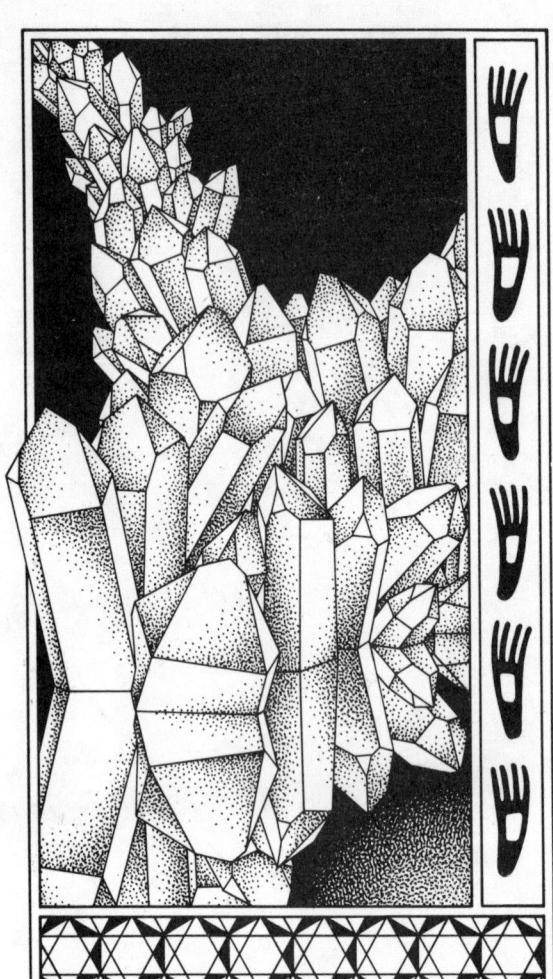

WERNEKE © 1991

KRISTALLE

Meditation

Jeder Mensch liebt Kristalle wegen ihrer Schönheit, ihrer Energie und der Leichtigkeit, mit der sie sich uns mitteilen. Kristalle sind extrem populär geworden als Werkzeuge zur Heilung und zur Bewußtseinsentwicklung. Dennoch haben viele Menschen die heilige Natur und den wahren Wert dieser Mineralien aus den Augen verloren. Um die Nachfrage nach Kristallen zu befriedigen, ist eine regelrechte Bergbauindustrie entstanden, und die Kristalle, die in der Computerindustrie Verwendung finden, führen dazu, daß eine wundervolle und mächtige natürliche Ressource hemmungslos ausgebeutet wird.

Die erste Struktur der gesamten Schöpfung war kristalliner Natur. Es ist anmaßend von uns zu denken, daß *wir sie* benutzen, denn in Wirklichkeit sind sie unsere Vorfahren und Lehrer, unsere Vorläufer. Von Naturvölkern wurden in der gesamten Menschheitsgeschichte Kristalle geehrt. Die Geschichte unseres Planeten ist in Quarzkristallen gespeichert und kann von hellsichtigen Menschen gelesen werden.

Es gibt viele Möglichkeiten, mit Kristallen als Verbündeten zu arbeiten. Sie verstärken unsere Gedanken und Gebete und konzentrieren unsere Absichten. Darüber hinaus können sie programmiert werden, um Frequenzen auszusenden, die mit der Absicht zu beschützen und zu heilen kodiert sind, und die Energie bei Ritualen und Zeremonien aufrechterhalten.

Solange sie in der Erde vergraben sind, spielen Kristalle eine wesentliche Rolle bei der Lebenserhaltung von Mutter Erde. Wenn sie mit Dynamit und mit Planierraupen aus der Erde geholt werden, dann bedürfen sie besonderer Pflege. Es gibt jedoch etwas, was man tun kann, um diese Kristalle zu heilen. Man kann sie reinigen, um den Schock aufzulösen. Das kann auf verschiedene

Weise geschehen: Spüle sie in einem klaren, schnellfließenden Gewässer; lege sie über Nacht oder mehrere Tage lang in Meersalz und Wasser und setze sie in einer Schüssel den Elementen aus, so daß die Kristalle von dem Licht der Sonne und des Mondes, von Regen und von Schnee berührt werden können; nimm sie mit ins Meer, um sie abzuspülen. Du kannst sie sogar für eine Weile wieder in der Erde vergraben.

Kristalle, die man sofort gebrauchen kann, sind solche, die mit dem Schmelzwasser im Frühjahr von den Bergen herabgespült oder ohne besonderen Aufwand aus der Erde geholt werden können. Einige Kristalle schaffen selbst ihren Aufstieg aus der Unterwelt. Überall auf der Welt kann man mit wenig Aufwand immer wieder wunderschöne Kristalle finden.

Ich biete die folgende Reise an in der Hoffnung, daß die Entdeckung der Möglichkeiten, die eine geistige Beschäftigung mit Kristallen bieten, die Notwendigkeit des fortgesetzten Raubbaus vermindert. Die Kristallhöhle ist ein Ort, an den man zur Meditation immer wieder zurückkehren kann, um Inspiration zu finden und neue Kraft zu schöpfen. Es ist gar nicht notwendig, jedesmal einen Kristall mitzunehmen. Auf jeden Fall ist es vollkommen inakzeptabel, in die Höhle einzutreten, ohne vorher die Bärin, die Hüterin der Höhle, um Erlaubnis zu fragen.

Menschen, die psychisch oder physisch schwere Zeiten vor sich haben, können diese Reise unternehmen, und ihr ganzes Wesen kann frische Kraft schöpfen durch das strahlende Licht der glänzenden Kristalle, eine natürliche Struktur ähnlich dem Schoß der Mutter. Sie ist ein Trost für alle Leiden. Verbringe hier viel Zeit, um Weisheit, Wissen und Informationen zu erhalten.

Kristallreise

(*Führe die Alchemie des Kessels durch...*)
Thot ist da. Er steht zu deiner Linken. Bei ihm ist eine Bärin. Diese Bärin führt dich zum Eingang einer gut getarnten Höhle, die

du niemals entdeckt hättest, wenn die Bärin sie dir nicht gezeigt hätte. Die Höhle könnte überall auf der Welt sein. Gleich nach dem Eingang geht es tief in den Berg hinein, bis sich schließlich eine riesige Höhle mit zahlreichen Seitenkammern öffnet. Das Geräusch von Wassertropfen hallt wider, wie zersplittert durch Tausende von Facetten, die von der gewölbten Decke der Höhle herabhängen. Alle Wände der Höhle glänzen. Zuerst ist die Quelle des glänzenden Lichts noch unklar, wodurch der Raum ein rätselhaftes, fast überweltliches Glühen erhält.

Geh weiter in die Höhle hinein, zu einer Stelle, an der eine natürliche Kaminöffnung das Sonnenlicht hereinläßt. Die Sonne strahlt direkt auf die Oberfläche der Wand. Jetzt kannst du deutlich sehen, daß du von glitzernden Kristallen und Edelsteinen umgeben bist, deren unzählige Facetten das Licht reflektieren, das durch diese Quelle in die Höhle einfällt. Decke und Wände sind mit Kristallen und Edelsteinen sämtlicher Formen, Farben und Größen übersät. Einige der Kammern sind Geoden, Höhlräume, deren Innenseite übersät ist mit strahlenden, aufrechtstehenden Kristallen. Die Kristalle schmiegen sich teilweise in die Wurzeln und Wurzelfasern großer alter Bäume, die über der Höhle, auf der Erdoberfläche, wachsen. Einige befinden sich in kleinen Bächlein, die von oben herabfließen und den Boden mit lockeren Kristallen überfluten. Wo die Bächlein zusammenfließen, entsteht ein klarer, eiskalter See, etwa einen halben Meter tief, an dessen Grund alle erdenklichen Kristalle und Edelsteine zu finden sind.

Stell oder knie dich an das Ufer dieses Sees. Öffne dein Herz und bitte um Erlaubnis, einige der Kristalle aus dem heiligen Wasser herausnehmen zu dürfen. Du mußt versprechen, sie mit Respekt und Hochachtung zu behandeln und sie nur zum Nutzen und zur Heilung des Planeten und aller Wesen, die auf ihm wandeln, zu verwenden...

Die Kristalle, die mit dir arbeiten wollen, werden an die Wasseroberfläche kommen. Sprich ein Dankgebet für die Geschenke, die du erhalten hast, und nimm die Hinweise für ihren Gebrauch entgegen... *(Lange Pause)*

Verbringe einige Zeit in Meditation in diesem Höhlenheiligtum. Es herrscht eine erstaunliche Energie hier. Du bist umgeben von Tausenden von Kristallen und Edelsteinen. Du erfährst einen gewaltigen Schub von emotionaler und körperlicher Heilung und Erleuchtung. Bleibe so lange, wie du dich wohl fühlst... *(Lange Pause)*

Es ist angebracht, ein persönliches Opfer hierzulassen, ein Stück Fingernagel oder ein Haar...

Wenn du bereit bist, die Höhle wieder zu verlassen, reitest du auf der Bärin oder gehst neben ihr her, während sie dich aus der Höhle hinausgeleitet. Vergiß nicht, dich bei deiner Bärenführerin zu bedanken. Bären lieben Süßigkeiten wie Honigkuchen oder Beeren.

Kehre an den Ort zurück, an dem Thot wartet, und verbringe eine Weile mit ihm, wobei du über die Höhle und über deine Beziehung zu Kristallen sprichst...

(Thot wird dich zurück in deinen Körper geleiten...)

GOLD

Energie

Der Geist des Goldes ist sehr, sehr alt. Es wird seit urdenklichen Zeiten als die materielle Form der Sonne, die Quelle allen Lebens, geschätzt. Das Gold ist in der Schöpfungsgeschichte unseres materiellen Universums zu einem sehr frühen Zeitpunkt entstanden. Es kann geschmolzen, getrieben, papierdünn gehämmert oder in Flüssigkeit verwandelt, legiert und verbunden werden. Obwohl es eines der formbarsten aller Mineralien ist, ist es unwandelbar.

Um den Besitz von Gold sind viele Kriege ausgetragen worden, denn das Gold ist äußeres Zeichen des Reichtums. Seit Menschengedenken schmücken wohlhabende Menschen ihren Körper mit Gold, und die Kirchen und Tempel der Welt spiegeln mit ihrem goldglänzenden Äußeren die Sonne. Gold reflektiert den Geist seines Trägers, und jeder, der Augen hat zu sehen, wird merken, ob es sich um einen spirituellen Menschen handelt oder ob er nur mit seinem Reichtum prahlen will.

Gold ist der Heiler und Beschützer der Erde. Diesen Aspekt seines Wesens möchte das Gold in den Lehren des goldenen Kessels mitteilen. Das Wissen, daß Gold einen medizinischen Wert besitzt, ist nichts Neues. So ist es beispielsweise eine gebräuchliche Medizin gegen Arthritis, sowohl in der Allopathie als auch in der Homöopathie. Wenn man Gold in diesem Zusammenhang nutzt, dann muß es rein sein, ebenso wie deine Absichten, wenn du den Geist des Goldes bittest, dir beizustehen, nachdem du die Reise vollendet hast.

Im Ökosystem der Erde gibt es eine sehr feine Schwingungsbalance zwischen allen Elementen, Mineralien und chemischen Verbindungen. Wenn man irgendeines dieser Elemente abbaut und von einem Ort an einen anderen schafft oder verstreut, dann bewirkt man eine Veränderung im Schwingungsverhalten der Konti-

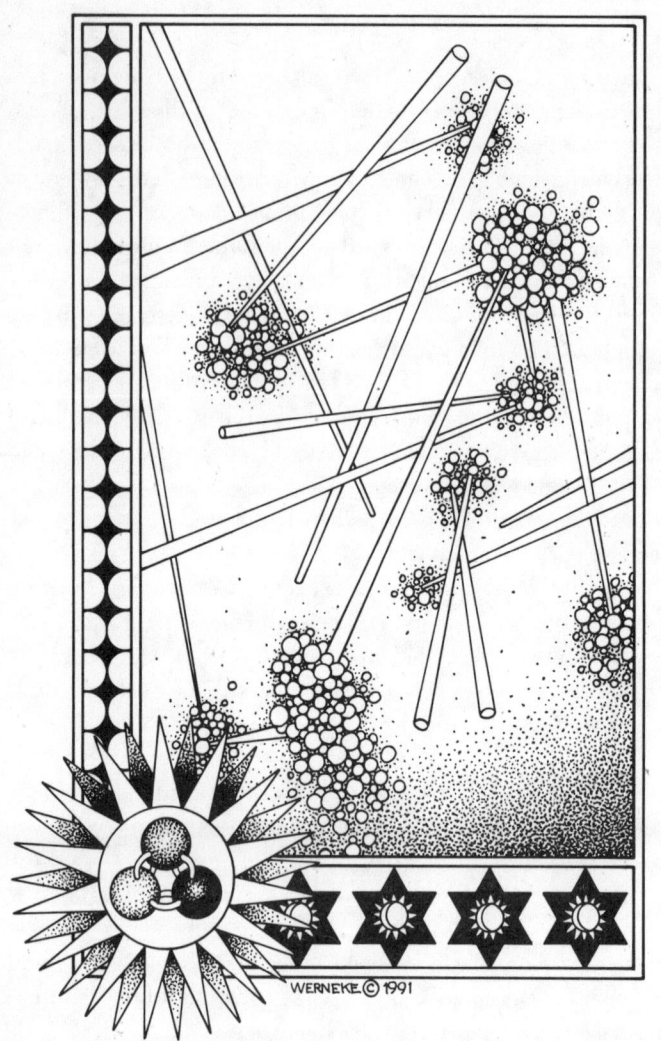

WERNEKE © 1991

nente und des gesamten Planeten. Das ursprüngliche ökologische Gleichgewicht wird gestört. Der Geist des Goldes hat die Fähigkeit, die beweglicheren Elemente in seinem Umfeld so zu beeinflussen, daß sie Dinge tun, die dabei helfen, ein neues Gleichgewicht herzustellen. Diese Elemente schließen Pflanzen, Tiere und Menschen ein. Gold und Quarz wirken gern mit den anderen Naturreichen zusammen, insbesondere mit den Menschen, mehr noch als andere Mineralien. Quarz ist der natürliche Verbündete des Goldes und wird häufig in dessen unmittelbarer Nachbarschaft gefunden.

Die Schwingungsrate des Goldes ist im Vergleich zu der von Tieren sehr langsam. Damit ein Mensch so etwas wie einen Stein oder ein Mineral verstehen kann, muß er seine Schwingungsrate so weit verändern, daß er anfangen kann, mit dem jeweiligen Mineral in Resonanz zu kommen und mit ihm zu kommunizieren. Um dir diese Erfahrung zu vermitteln, führt die Reise des Goldes dich tief in die Erde. Wenn du merkst, daß du dich nach dieser Reise etwas festgefahren hast oder übermäßig geerdet bist, versuch es mit einer Luftreise wie der des Habichts oder des Adlers oder erkunde gemeinsam mit dem Löwen die Lüfte.

Goldreise

(Führe die Alchemie durch…)

Thot ist da und hilft dir zurück in deinen Körper auf eine Weise, daß du deinen leichten Körperzustand aufrechterhalten kannst… Atme durch das Kreuzbein ein, sende dann den Atem abwärts, bis in die Erde hinein. Jedes Ausatmen führt dich weiter nach unten. Durch solches Atmen wandert dein Bewußtsein durch verschiedenartige Mineral- und Erdschichten, während du immer tiefer und tiefer hinabsteigst…

Beim fünften Ausatmen triffst du auf eine reiche Goldader… Fahre fort, auf diese Weise zu atmen, während dein Ausatmen dich noch weiter in die Ader hineinbringt. Sie ist sehr groß, und schon bald ist dein gesamtes Bewußtsein von Gold umgeben… Während du atmest, kannst du das Metall dieses brillanten, glühend gelben Minerals förmlich riechen. Du bist in der Lage, es in deinem eigenen Körper mit Hilfe deiner Sinne festzustellen. Identifiziere es und erkenne, daß dieses Gold sich ganz anders anfühlt als die Erde, der Boden. Es fühlt sich wie ein Metall an. Es fühlt sich gelb an, hart. Es leitet die Elektrizität so gut, daß du ungewöhnliche Ströme in deinem Körper spüren kannst.

Atme das Gefühl des Goldes ein, bis dein ganzer Körper davon erfüllt ist, so daß du innerhalb und außerhalb dasselbe fühlst. Spüre, wie winzige elektrische Ströme deinen Körper durchfließen, die von diesem Gold geleitet werden.

Du schaust dir das Gold, welches dir direkt vor Augen steht, genau an. Du kannst es auf eine Weise sehen, wie du es noch niemals vorher gesehen hast. Es fühlt sich nicht mehr so fest und hart an. Du kannst seine metallischen, molekularen Strukturen erkennen. Während du dir diese elementaren Bausteine genau anschaust, kannst du sehen, daß sie aus noch kleineren Bestandteilen zusammengesetzt sind. Du kannst die Energieströme sehen und die Teilchen, die von einem Teil der Struktur in einen anderen wandern, scheinbar ganz gezielt und keineswegs zufällig. Du kannst diese elektrischen Botschaften innerhalb deines Körpers ebenso fühlen wie außerhalb und wirst dir der inneren Kommunikation der Teilchen und Strukturen untereinander bewußt.

Du läßt deinen Blick schweifen, und es sieht aus wie eine riesige, die ganze Nacht über erleuchtete Stadt, mit kleinen Lichtern, die sich so weit erstrecken, wie du in alle Richtungen sehen kannst. Es gibt eine übergeordnete Intelligenz und eine Zielgerichtetheit, die all diese Energie und die Lichter leitet . . .

Während du tief einatmest, bemerkst du eine massivere goldene Substanz um dich herum und in dir. Tief in dir gibt es ein Gefühl, mit dem du nun vertraut bist, und du bist nun in der Lage, mit dem Geist des Minerals, in dessen Haus du zu Gast bist, zu sprechen. Höre nun auf das Wissen des mineralischen Goldes . . . *(Lange Pause)*

Du hast nun die Gelegenheit, dem Geist des Goldes einige Fragen zu stellen . . . *(Lange Pause)*

Vergiß nicht, dem Geist zu danken und ihm ein Energieopfer zu bringen...

Um zurückzukehren, atme fünfmal tief durch, wobei du durch das Kreuzbein einatmest, und wenn du ausatmest, dich zurück in dein menschliches Bewußtsein bewegst...

Nimm dir einen Augenblick, um dein Erlebnis Thot mitzuteilen... (*Thot berührt deine Krone, und du bist zurück im gewöhnlichen Bewußtsein, in deiner physischen Gestalt...*)

REH

Sensibilität

Rehe sind wundervolle, sehr vielseitige Seelenführer. Sie haben eine erstaunliche Fähigkeit zu hören und können dich lehren zuzuhören. Darüber hinaus sind sie sehr einfühlsam. Wenn das sanfte, weiche Reh in deinem Leben erscheint, gibt es immer eine Gelegenheit zu heilen. Rehe sind äußerst achtsam, sie gehen mit großer Behutsamkeit und Umsicht vor. Stell dir ein Reh vor mit seinen großen braunen Augen, beobachtend... Sie haben die Gabe, Bedrohungen sofort wahrzunehmen – sie wittern Gefahr, aber bewegen sich mit Anmut, Beweglichkeit und Vorsicht, in friedlicher Eintracht mit der Natur. Rehe haben ein scharfes Gehör und sind äußerst hellsichtig, und sie sind in der Lage, sich instinktiv zu bewegen und schnelle Entscheidungen zu treffen, zu verschwinden wie der Blitz, wenn sie gejagt werden. Sie leben ganz in der Freude am Augenblick. Rehe sind außerdem ein Symbol der Langlebigkeit. Ihre Geweihe wachsen jedes Jahr aufs neue, als Symbol der Erneuerung.

Die beste Art, auf die Rehreise zu gehen, ist zu tanzen. Du kannst ein Halstuch, ein Stück Stoff oder Leder mit der Energie versehen und damit immer, wenn du es trägst, die Kraft des Rehs für dich erschließen. Oft profitieren Menschen mit kinästhetischer Wahrnehmung davon, wenn sie im Besitz eines Geweihstücks sind oder es berühren. Auch mit Hilfe eines Bildes kann man gut das Reh anrufen.

Während verschiedener Zeiten des Jahres kannst du verschiedene Phasen oder Aspekte des Lebens der Rehe erleben, der Jahreszeit und deinen jeweiligen Bedürfnissen entsprechend. Vielleicht bist du ein Kitz oder ein Bock in der Brunftzeit oder eine trächtige Ricke.

Es ist hilfreich, ein Tambourin oder eine Rassel zu haben, um den Rhythmus zu verstärken, ein Gefühl der Schnellfüßigkeit, die man braucht, um sich mit dem Reh durch dessen Welt zu bewegen. Laß dir viel Zeit, um dich an den Tanz zu gewöhnen. Es ist besonders schön, wenn man die Reise im Freien in einer natürlichen Umgebung erleben kann.

Rehreise

(Führe die Alchemie durch...)

Wenn du aus dem Kessel kommst, um dich auf die Rehreise zu begeben, ist Thot da, gehüllt in Tierhäute, eine Rassel in der Hand, im Erscheinungsbild eines Schamanen. Auch du bist in Tierfelle gekleidet – Rehfelle. Thot beginnt zu tanzen und gibt einen Rhythmus vor, zu dem auch du zu tanzen beginnst.

Während du gemeinsam mit Thot tanzt, verwandelst du dich in ein Reh. Achte auf die Veränderungen in deinem Körper und deinem Bewußtsein, wenn du dich innerlich darauf einstellst, ein Reh zu sein. Während du dich in deinem Rehkörper allmählich ganz bequem bewegen kannst, erscheint dir alles in der Natur um dich herum ganz freundlich und friedlich. Das Grün der Büsche leuchtet ganz besonders. Nimm den Duft der Pinien in dich auf und den der wilden Rosen. Die grünen Blattspitzen und Schößlinge sind ganz besonders köstlich, besonders die jungen Spitzen der Nadelbäume. Du spürst jeden Schritt, den du machst, und hörst den Klang deiner Hufe, wenn sie den Waldboden berühren.

Du spürst dieses Erlebnis in deinem Herzen. Achte auf die Verbindung zwischen deinem Herzen und deinen Ohren, so, als ob du mit deinem Herzen hören könntest. Höre auf die Geräusche des Waldes, den du so liebst. Falls dort irgendwelche Töne sein sollten, die nicht dorthin gehören, erhebst du deine Nase und riechst, was es ist. Auch deine befreundeten Rehe kannst du riechen und weißt so immer, wo sie sind...

Flink, aber unauffällig findest du deinen Weg zum Fluß, angezogen vom Duft des Wassers und von deiner Fähigkeit, sein sanftes Rauschen schon von weitem zu hören. Du triffst auf einen klaren

Teich, wo das Wasser sich zwischen ein paar Felsen und moosigen, umgefallenen Bäumen gesammelt hat. Du gehst auf das kühle, süße Wasser zu und entdeckst auf der Wasseroberfläche dein Spiegelbild, ein Bild voller Schönheit und Zartheit. Du schaust dich selbst als Reh an und erkennst, wie sehr du in diesen Wald gehörst. Du bist der Wächter der Reinheit der Natur, der Freiheit, die sich durch ein Leben im Einklang mit der natürlichen Harmonie des Waldes ergibt... (*Pause*)

Stille deinen Durst mit dem reinen Wasser und begib dich auf eine Erkundungstour deiner Umgebung. Achte darauf, wie sich deine Sinne geschärft haben, wie leichtfüßig du geworden bist und wie schnell du deine Richtung ändern kannst. Du befindest dich instinktiv im Einklang mit allen anderen Lebewesen deines Lebensraums und weißt genau, wer harmlos ist und wer nicht.

Während du mit den Augen eines Rehs siehst, erhältst du eine weitere Belehrung über das Leben im Einklang mit dir selbst und deiner Umwelt...

Wenn du das Gefühl hast, dein Erlebnis ist vollständig, kehre zurück zu der Lichtung, wo Thot und deine physische Gestalt noch immer tanzen. Dein Bewußtsein verläßt das Reh und tritt wieder in deine menschliche Gestalt ein.

Während du zurück auf das Reh blickst, schaut es dich mit der lauteren Unschuld des unberührten Waldes an, der sein Zuhause ist. Das Reh bittet dich, immer daran zu denken, dich in reiner Harmonie mit dem Wald und seinen Geistwesen zu bewegen. Biete dem Reh ein nährendes Geschenk an und erweise ihm deinen Respekt für das Vertrauen, das du in seinen unverdorbenen Augen siehst... Ein Aufblitzen seines Schwänzchens, und das Reh ist verschwunden.

Besprich mit Thot, wie dieser Verbündete weiterhin mit dir arbeiten kann.

(*Thot geleitet dich durch deine Krone zurück in deinen Körper...*)

KUAN YIN

Heilung
Mitgefühl

Alle Menschen werden von der heilsamen Reise mit Kuan Yin profitieren. Sie wird von Millionen Menschen seit Jahrtausenden als der
chinesische Bodhisattva des Mitgefühls verehrt. Sie ist als eine der
dem Menschlichen gegenüber aufgeschlossensten Wesenheiten bekannt. Ihr Name bedeutet «Die-auf-die-Schreie-der-Welt-hört».
Menschen aus allen Lebensbereichen, vom einfachen Fischer und
buddhistischen Laien bis zum taoistischen Heiligen, verehren sie als
die Göttin der Barmherzigkeit.

In Tibet ist Kuan Yin als *Tara* bekannt. In der christlichen Kultur
entspricht sie am ehesten der Gottesmutter Maria. In Japan wird sie
«Kwannon Sama» genannt, und ist dort ebenso beliebt wie in
China.

Als Reaktion auf das große Leid, das sich täglich auf unserem
Planeten abspielt, insbesonders durch die grassierenden Epidemien
von Aids, Leukämie und anderen tödlichen Krankheiten, hat Kuan
Yin dem goldenen Kessel die folgende Reise angeboten. Sie kann für
viele Menschen mit den verschiedensten physischen und emotionalen Problemen hilfreich sein.

Auf dieser Reise wirst du dich in einer ehrwürdigen Landschaft
voller Frieden und Ruhe wiederfinden. Dort wirst du Kuan Yin treffen, um Heilung und Führung zu erhalten, und Gelegenheit haben,
ein tieferes Verständnis deiner Krankheit und der Bedeutung, die sie
für dich hat, zu finden sowie etwas über den Prozeß deiner Heilung
zu erfahren.

(Wenn du die Alchemie vollendet hast, grüße Thot und erbitte Hilfe bei deiner Heilung...)

Es ist früher Abend, und die Silhouette einer Nachtigall erscheint vor dem abendlichen Himmel. Folge dem kleinen Vogel, wenn er dir den Weg zu einer Brücke zeigt, die auf eine Insel mitten in einem breiten Fluß führt. Die Nachtigall fliegt über die Brücke, und du folgst zu Fuß. Wenn du auf die Brücke trittst, merkst du, daß sie lebendig ist und daß du über die gebogene Rückenlinie eines Drachens läufst. Der Drache wendet seinen Kopf um und schaut dich an, während du über seinen Rücken gehst. Seine Augen sind wie ein Meer der verschiedensten leuchtenden Farben. Du schaust dem Drachen tief in die Augen, und er erkennt dich. Alle Aspekte, wer und was du bist, spiegeln sich in seinen Augen wider... *(Pause)* Dieser Drache kennt und akzeptiert dich vollkommen urteilsfrei und gewährt dir seinen Segen, während du die Insel der Kuan Yin betrittst.

Du hast das Gefühl, im alten China zu sein. Allmählich erwachen deine Sinne für die Köstlichkeiten dieses Gartens. Der üppige Duft eines Sommerabends liegt in der Luft.

Du gehst in die Mitte der Insel und triffst auf einen alten chinesischen Tempel mit geöffneten Toren. Jemand wartet dort geduldig auf dich, und während du auf den lichtdurchfluteten Innenhof zugehst, erblickst du das bleiche, ruhige, leuchtende Gesicht von Kuan Yin. Ihr Haar ist mit goldenen Spangen hochgesteckt, die bei jeder Bewegung erklingen. Sie ist in reiche Seidengewänder gekleidet. Ihre Erscheinung ist eher klein. Liebevoll und freundlich heißt sie dich willkommen, indem sie eine Hand erst auf ihr Herz legt und dann dir entgegenstreckt. Sie ist erfreut, dich zu sehen.

Kuan Yin schaut sich dein Gesicht und deinen Körper an, und du kannst mit jeder Faser deines Wesens spüren, daß sie dich so akzeptiert, wie du bist. Sie ist imstande, durch alle Schleier des Irdischen hindurch deine wahre Schönheit zu sehen. Sie beginnt, ihre Hand um deinen Körper herum durch ihn hindurch zu bewegen, wobei sie alle dunklen Stellen beseitigt und jede Zelle deines Körpers mit ihrer Liebe erfüllt.

Keine erkrankte Zelle kann diese Energie ertragen. Kuan Yin ergreift sie mit leichter Hand und legt sie alle in eine Schüssel. Sie können so aussehen wie schwarze Kohlebrocken. Während sie diese Teile entfernt, kannst du sie von einem objektiven Standpunkt aus betrachten, und du fühlst zusammmen mit ihnen auch alle Ängste und Selbstzweifel verschwinden, bis sie nicht mehr länger zu dir gehören... *(Lange Pause)*

Folge Kuan Yin, wie sie die Schüssel mit deinem «Unrat» ans Ufer des Flusses trägt, wo der Drache wartet... Während sie die Schüssel erhebt, speit der Drache mit seinem Atem das Feuer der Weisheit und verbrennt rasch den gesamten Inhalt. Du siehst, wie eine Rauchwolke in den Himmel steigt und sich im Wind verliert. Gehe in dein Inneres und suche nach dem Sinn deiner Krankheit. Kuan Yin ist voller Mitgefühl und kann dir helfen, dich selbst zu heilen. Sie ist voller Zärtlichkeit für alle Teile deines Wesens. Sei also bei dir und bei Kuan Yin und versuche den Wandel zu erkennen, den du vollziehen mußt, um diese Heilung zu vollenden...

(Lange Pause)

Kuan Yin führt dich nun zu einem Teich. Ziehe die Kleider, die du trägst, aus und steig in das kühle, klare Wasser. Sie gießt mit einem Gefäß Wasser über dich und reinigt dich. Auf diese Weise wirst du wiedergeboren, sauber und frisch. Du spürst große Freude und Glück, lebendig zu sein. Kuan Yin teilt die Freude mit dir.

Sie überreicht dir ein Geschenk, eine Gabe in Form eines grünen Amuletts. Sie sagt dir, daß du sie immer rufen kannst. Du kannst ihre Gegenwart mit Hilfe dieses Amuletts jederzeit einladen.

Verbringe die nächsten Momente mit Kuan Yin und empfange ihre Heilung und weitere Anregungen, die sie dir möglicherweise jetzt geben möchte.

Wenn du dich ganz und vollständig fühlst, folge der Nachtigall, wenn sie zurück über die Drachenbrücke fliegt.

Thot erwartet dich am anderen Ufer. Erzähle ihm dein Erlebnis...

(Thot wird dich in deinen Körper zurück geleiten...)

GOLDADLER

Familienbande
Abhängigkeit

Goldadler sind königliche Vögel. Sie werden bewundert wegen ihrer Größe, ihrer Kraft und ihrer großartigen Flugkünste. Wie der Mensch ist der Goldadler ein konkurrenzloser Räuber. Er frißt zwar andere Tiere, wird aber äußerst selten als Beute gejagt. So trägt er auf seine Weise zum natürlichen Gleichgewicht seiner Umwelt bei.

Der Goldadler brachte diese Reise in den goldenen Kessel, um dir zu helfen, bessere familiäre Beziehungen zu entwickeln, insbesondere was die Heilung von abhängigem Verhalten angeht. Adler sind treu bis in den Tod, und sie erziehen ihre Jungen gemeinsam. Auf dieser Reise wird ein Goldadler dir helfen, deine eigene Familie besser zu verstehen, indem er dir das Familienleben der Adler vorführt. Adler sind sehr selbständig, aber handeln doch gemeinsam. Obwohl sie ein Paar auf Lebenszeit sind, hocken die Adler dennoch nicht den ganzen Tag zusammen. Diese Reise wird dich darüber hinaus lehren, daß du ebensogut allein fliegen kannst wie mit jemandem zusammen.

Die Reise ist eine völlige Neuorientierung, eine Umerziehung, denn du wirst buchstäblich zum Ei im Adlernest, dann zum Adlerküken und schließlich sehr schnell zu einem heranwachsenden Adler, der auf ausgeglichene Weise von Mutter und Vater gleichzeitig erzogen wird und ein Rollenmodell für ein gesundes Familienleben erwirbt. Diese Umprogammierung erlaubt dir, negative Verhaltensmuster, die du in deiner Vergangenheit erlebt oder erworben hast, abzulegen. Falls deine Schwierigkeiten bei der Wahl eines Lebenspartners der Heilung bedürfen, ist diese Reise – ebenso wie die des Schwans – eine hervorragende Möglichkeit zur Übung. Wenn du Probleme mit dem Teil der Reise hast, in dem es um Werbung und

WERNEKE © 1991

Paarung geht, oder nicht bereit bist, dich mit diesem Teil zu beschäftigen, kannst du später wieder dorthin zurückkehren und noch einmal damit arbeiten, bis du eine angemessene Lösung gefunden hast.

Die Reise umfaßt einen größeren Zeitraum, ähnlich wie ein Film im Zeitraffer. Adler brüten bis zu fünfzig Tage lang. Es dauert oft fünfunddreißig bis vierzig Stunden, bis das Küken geschlüpft ist. Auf deiner Reise werden diese Zeiträume auf wenige Minuten komprimiert.

Am Anfang der Reise steht eine spezielle Alchemie, die nötig ist, um dich darauf vorzubereiten, ein Goldadler zu werden.

Goldadlerreise

Erde dich, finde deine Mitte mit Hilfe deines Atems und lege deine Hände vor dich, um ein goldenes Ei zu empfangen... Nimm das goldene Ei in deinen Bauch auf und laß es dort sanft ruhen, in deinem goldenen Kessel ausbrüten... Nähre die Flamme in deinem Herzen mit deiner Liebe, und genieße die Strahlung und Wärme ihres Lichts... Wenn du das Wasser im Kessel zur Wallung bringst, steigt es, um auf das Feuer in deinem Herzzentrum zu treffen und das Ei aufwärts zu tragen. Richte deine Aufmerksamkeit und dein Bewußtsein auf das goldene Ei, während es mit dem Dampf aufwärts und aus deiner Krone hinaus getragen wird... Thot geleitet dein Ei sicher ins Nest. Du siehst ihn nicht, aber bist dir seiner Gegenwart bewußt...

Achte darauf, wie es sich anfühlt, in einem Ei zu leben – was spürst du und welche Geräusche dringen durch die Schale ins Innere? Kannst du die Wärme des Adlers spüren, der auf den Eiern sitzt und sie ausbrütet? Während du heranwächst, erscheint der Raum immer kleiner, enger, gedrängter. Du fühlst, wie du gegen die Wände deines Eis gepreßt wirst, bis du dich überhaupt nicht mehr bewegen kannst. Während du darum kämpfst, dich aus der Enge des Eis zu befreien, entdeckst du, daß du an deinem Schnabel einen speziellen «Eizahn» hast, mit dem du deine Schale aufbrechen und von innen allmählich zerstückeln kannst. Du mußt jedoch noch ziemlich kämpfen, um dich vollständig aus dem Ei zu befreien. Niemand hilft dir dabei… *(Lange Pause)*

Wenn du schließlich geschlüpft bist, achte auf das Licht, auf Gerüche, darauf, wie sich dein Körper anfühlt, wie die Nässe des Flaums an der frischen Luft und an der Sonne trocknet. Deine Stimme klingt schrill, wenn du deinen ersten Schrei ausstößt, um deine Geburt zu feiern… Ruhe einen Moment, um dein Flaumkleid trocknen zu lassen und allmählich aufzuplustern…

Deine Eltern bewachen abwechselnd das Nest, das ziemlich hoch liegt, in einer Astgabel an der Spitze eines uralten knorrigen Nadelbaums. Wie reagieren die Eltern auf deine Bedürfnisse? Achte auf alle Details deiner ersten Monate als kleiner Adler… *(Lange Pause)*

Nun ist der Augenblick für deine ersten Flugversuche gekommen. Seit einiger Zeit hat dir niemand mehr etwas zu fressen gebracht, und du bist sehr hungrig. Deine Mutter fliegt mit einem dicken Stück Lachs im Schnabel am Nest vorüber. Zuerst scheint es so, als würde sie es ins Nest bringen, aber sie lockt dich nur. Sie kehrt noch einmal zurück und winkt mit der köstlichen Beute, lockt dich hinaus. Das nächste Mal, wenn sie am Nest vorbeifliegt, lehnst du dich weit über den Rand und versuchst, einen Happen zu ergattern. Streck dich, halte dich mit deinen Krallen am Nest fest und schnappe nach dem Lachs. Ein Zweig bricht vom Nest ab, du verlierst das Gleichgewicht und fällst. Schnell breitest du die Flügel aus, um dich zu stabilisieren und fängst dich im Wind, der dich in der Luft hält.

Es ist nicht so einfach, aber du findest dich schnell in dein angeborenes Talent, völlig mühelos zu segeln, hinein. Du kreist über deinem Revier, und dein scharfer Blick konzentriert sich auf die unter dir liegende Landschaft, in der ein Kaninchen (oder eine andere passende Beute) über eine ungeschützte Fläche rennt, auf der Suche nach Deckung. Laß dich auf den Sturzflug ein, falle mit angelegten Flügeln und ergreife deine Beute mit scharfen Krallen.

Zum ersten Mal in deinem Adlerleben hast du für dich selbst gesorgt. Laß es dir schmecken...

Die Zeit vergeht im Fluge, und bald bist du bereit, dir einen Lebenspartner zu suchen... Beobachte dein Werben und Paaren...

Wenn der Zyklus vollendet ist, kehrst du zu deinem Körper zurück, indem du nach dem goldenen Ei Ausschau hältst, das auf dieser Reise deine Krone darstellt. Thot wird dort sein, um dir zu helfen, als Adler in deinen physischen Körper zurückzufinden und alle Prägungen deiner Erfahrung mitzunehmen. Nimm dir einen Augenblick, um mit Thot dieses Erlebnis noch einmal durchzugehen...

(*Sobald du zurück in deiner menschlichen Gestalt bist, ist deine Erfahrung als Adler ein integraler Bestandteil deines Wesens. Erde dich und finde deine Mitte...*)

WERNEKE © 1991

FROSCH

Reinigung

Jeder, der als Kind im Frühjahr in stillen Gewässern jene kleine schwarzen Froscheier in ihrer gallertartigen Hülle beobachtet hat, weiß, daß aus den unscheinbaren Eiern schon bald Kaulquappen werden. Denen wachsen dann auf wundersame Weise kleine Beinchen, und sie entwickeln sich in jene amphibischen Tierchen, die wir als Frösche kennen. Der Frosch ist ein wichtiges Symbol der Transformation und Wandlungsfähigkeit in der Natur.

Überall, wo der Frosch in der Mythologie in Erscheinung tritt, erweckt er entweder großen Respekt oder Ekel. Für die Chinesen und die Maya gilt er als Symbol der Reinkarnation, und man findet steinerne Figuren von Fröschen im Mund von Toten in antiken Gräbern dieser Kulturen. In China verwendete man Jade, in der Neuen Welt andere Edelsteine, um Froschfetische herzustellen, die gemeinsam mit Menschen begraben wurden. Heket, die ägyptische Göttin der Geburt und Fruchtbarkeit, wurde entweder froschköpfig oder ganz als Frosch dargestellt.

Hauptsächlich in Indien und Südamerika wird der Frosch mit Regen in Verbindung gebracht. Die Maya und Olmeken, die in den Tälern lebten, identifizierten den Frosch mit Wasser, Schleim und Samen sowie mit dem Regen, der für das Heranreifen der Ernte und den dauerhaften Wuchs der Wälder sorgt. Die nordamerikanischen Huron-Indianer und die Aborigines in Queenland, Australien, haben ähnliche Mythen von Fröschen, die in Zeiten der Dürre alles Wasser verschlingen. In Australien wurde das Wasser freigesetzt, indem man den Frosch zum Lachen brachte, was besonders gut dem Aal gelang, dessen kriechende und windende Kunststückchen den Frosch vor Lachen fast platzen ließen. Für die Huronen war es Ioskeha, der Held der Schöpfung, der den Frosch erstach und damit alles Wasser aus seinem Bauch herauslaufen ließ.

Der Mythos des Froschkönigs bezieht sich auf die Fähigkeit des Frosches, die wahre Seele wahrzunehmen, das höchste Potential in jedem zu sehen, was normalerweise durch die verwandelnde Kraft der Liebe geschieht.

Frösche sind für unsere Wälder unersetzlich, denn sie sind sehr magische Wesen, die den Regen herbeirufen. Wenn man im Besitz der Froschmedizin ist, kann man eine Wasserbehandlung durchführen, um negative Energien zu reinigen. Verwende in aller Heilarbeit, die du verrichtest, Wasser. Du kannst Wasser in den Mund nehmen und deinen Altar besprühen. Wenn du eine Heilung vollführst, kannst du es über der Person aussprühen und dir vorstellen, es sei ein Frosch, der das tut, um negative Energie zu reinigen. Dabei ist es wichtig, immer den Frosch zu visualisieren und die Vorstellung aufrechtzuerhalten, daß es als Reinigung für den Altar oder die Situation gedacht ist. (In vielen Kulturen wird ein ähnliches Besprühen praktiziert, auch in Afrika und Südamerika, wobei es nicht immer mit dem Frosch in Verbindung gebracht wird. In Afrika zum Beispiel bedeutet ein Besprühen die Übertragung von Kraft auf eine Person und wird nur von jemandem vollführt, dessen Mund vorher verschiedenen Ritualen unterworfen wurde. Totemisch wäre dies eher dem Elefanten zuzuordnen, dessen Sprühen ebenfalls heilig ist.)

Frösche sind Bioindikatoren innerhalb des Ökosystems, die unsere Aufmerksamkeit auf die Gesundheit unserer Umwelt lenken. In den vergangenen Jahren sind zahlreiche Froscharten auf mysteriöse Weise verschwunden, was wohl auf die besorgniserregende Schädigung unserer Umwelt zurückzuführen ist. Wir befinden uns in einer kritischen Lage, denn alles in der Natur funktioniert und entwickelt sich im Zusammenhang. Wo Frösche verschwinden, kann dies auf eine Vergiftung von Boden, Wasser und Luft hinweisen.

Frösche bringen Regen, und mit dem Regen kommt die Reinigung. Ihr Ruf ist kein Verzweiflungsschrei, sondern eine Anerkennung, welche das Wasser des Lebens ehrt.

Im goldenen Kessel lehrt der Frosch uns, wie wir negative Energien reinigen können, und erinnert uns an den Wert unserer Wälder. Diese Reise kann dadurch verstärkt werden, daß man sie körperlich nachspielt. Setz dich wie ein Frosch auf die Erde und versuche, wie ein Frosch zu hüpfen. Du kannst den Frosch besuchen, wenn du ein Bad nimmst oder unter der Dusche stehst. Mach dir einen Spaß daraus und laß deine Phantasie spielen. Mach Lärm! Kinder lieben dieses Spiel, und es eignet sich hervorragend zur Gruppenaktivität.

Froschreise

(Führe die Alchemie durch...)

Thot zeigt dir einen üppigen grünen Wald. Er ist so voller Leben, grün und blühend, daß es einen Moment dauert, bis du erkennst, daß der ganze Boden mit Fröschen übersät ist – überall Frösche. Als sie zu quaken anfangen, entwickelt sich ein Rhythmus. Immer mehr Frösche schließen sich dem Gesang an und fügen ihren einzigartigen Rhythmus ihrem gemeinsamen Lied hinzu. Mächtig dringt der Gesang aus ihrer Kehle, und die Liebe, die in ihm liegt, ruft den Regen herbei...

Du schwingst in Resonanz mit den Fröschen und fühlst, daß du eins wirst mit ihnen. Du spürst, wie auch in deiner Kehle sich ein Ton regt, und stimmst mit deiner Stimme in den Ruf nach Regen ein. Du tönst ein «Quaaak», hörbar und fühlbar in der gesamten unteren Körperhälfte, wodurch sich deine Verwandlung in einen Frosch vervollständigt...

Schau an dir herunter und sieh deine Schwimmhäute zwischen den Zehen, deine gefleckten Amphibienbeine. Deine Augen treten aus dem Schädel, wenn du dein «Quaaak» ertönen läßt. Fang dir eine Fliege, die gerade in Reichweite vorüberfliegt. Verschlinge sie. Möglicherweise siehst du die anderen Frösche jetzt noch nicht, aber du weißt, daß sie da sind, denn du kannst die Resonanz ihres Quakens spüren. Ihr Gesang wird immer mächtiger. Er steigert die Schwingung des Waldes und verbindet sich mit den Wassergeistern in der Höhe, was Regen zur Folge hat...

Fühle den Regen, der herabfällt, und gib weiter deine Töne von dir. Das Regenwasser hat eine reinigende Wirkung. Du kannst es von den Bäumen tropfen hören und siehst, wie sich um dich herum Pfützen bilden. Die Stimme des Frosches lenkt die Aufmerksamkeit auf einen Bereich deines Körpers oder deines Lebens, der besonders der Heilung durch den Regen bedarf. Spüre die reinigende Wirkung des Regens, wie sie sich in deinem gesamten Körper, in deinen Geist und deiner Psyche ausbreitet... *(Lange Pause)*

Nutze den Raum, den du geschaffen hast, um einen Bereich in deinem Leben zu reinigen oder reinigende, heilende Energien zu einer anderen Person zu senden...

Du kannst dir auch überlegen, was du tun kannst, um dem Wald zu helfen, damit die Frösche einen Ort haben, an dem sie sich vermehren können...

Um zurückzukehren, spring in die Höhe, und schon bist du wieder in deiner menschlichen Gestalt bei Thot, der vielleicht einen Regenschirm in der Hand hält. Nimm dir die Zeit, um die Möglichkeiten dieser Arbeit in deinem Leben mit ihm zu besprechen...

(Thot wird dich zurückgeleiten...)

SECHSTER TEIL

Erkundungsreisen

In diesem Abschnitt kannst du dich ausbreiten und spielen. Wenn du dich zu einem unerschrockenen Reisenden entwickelt hast, kannst du ein profundes Wissen über dich selbst und die Schöpfung erwerben, in welcher du dein Leben und Bewußtsein verwirklichst

FALKE

Erleuchtung

Der Falke ist ein hervorragender Jäger, zielgerichtet und konzentriert. In Ägypten ist die Verkörperung des Falken Horus, der Sohn der Gottesgebärerin Isis und ihres Gatten Osiris, des Gottes des Todes und der fruchtbaren Erde. Horus steht für unser höchstes Potential, und sein Auge ist das Auge der Sonne, die alles erleuchtet. Als Spiegelung unseres höchsten Selbst sieht Horus alles, weiß alles, ist alles. Er hilft uns, unsere Ziele in Übereinstimmung mit unseren höchsten Möglichkeiten zu verwirklichen.

Als göttliches Kind ist Horus auch der Eingeweihte. Er ist der Bewahrer des Lebens und der heiligen Wege, der Spender der Inspiration. Das Auge des Horus leuchtet durch die Dunkelheit des unendlichen Raums und verleiht uns Scharfsicht, um durch alle Dimensionen hindurch in das Wesen der Dinge zu schauen.

Horus' Vater, Osiris, wurde von seinem eifersüchtigen Bruder, Seth, ermordet. Isis fand ihn, obwohl Seth ihn zerstückelt und die vierzehn Teile überall in Ägypten verteilt hatte. Mit der Hilfe Thots konnte sie ihn wieder zusammensetzen, mit Ausnahme seines Phallus, der in den Nil geworfen und von den Krokodilen verschluckt worden war. Der Phallus wurde aus Holz nachgebildet und verwendet, um Horus zu zeugen. Horus wuchs heran und entwickelte sich zu einem hervorragenden Krieger, einem Rächer seines Vaters, und verwickelte sich in eine lange, gewalttätige Schlacht mit Seth um den Thron von Osiris. Schließlich wurde Horus vom Pantheon der Götter als Sieger gekürt.

Der Falke ist ein edler Helfer, mit großer Klarheit und unübertrefflicher Vision. Durch die Perspektive des Falken kannst du bis zu den Ursprüngen eines aktuellen Problems oder Plans schauen. Lege deine Absichten dar und bitte ihn, Aspekte deines unmittelbaren, gegenwärtigen Lebens zu untersuchen, damit du neue Möglichkeiten kennenlernst, um deine Lage einzuschätzen. Es ist, als würdest du dem Falken die Haube abnehmen, und er würde direkt auf sein Ziel losgehen. Mit dem Falken kannst du alles sehen, was du versäumt oder ignoriert hast. Du kannst auch alles, was dir hilft, unterscheiden von dem, was dir schadet.

Die Reise ist auch sehr nützlich, um zu deinen Ursprüngen zurückzuschauen, um den Sinn dieses Lebens zu finden. Es ist am besten, deine Ziele im Kopf zu haben, bevor du beginnst, damit du dich klar und deutlich ausdrückst, wenn du mit dem Falken kommunizierst.

Es folgen drei mögliche Reisen mit dem Falken. Die erste hat etwas mit der Sicht auf eine gegenwärtige Situation in deinem Leben zu tun. Die zweite gestattet dir, deine Vergangenheit zu erforschen, entweder in diesem oder in einem vergangenen Leben. Die Sicht auf vergangene Leben kann hilfreich sein, wenn du die Beziehung oder Verbindung zu gegenwärtigen Bedingungen oder Situationen finden willst, die durch ein Wiedererleben der Vergangenheit gelöst werden könnten. Die dritte ist eine Reise des Herzens, die dir hilft, die Möglichkeiten deiner Zukunft wahrzunehmen.

Falkenreisen

GEGENWART

(Führe die Alchemie durch...)

Wenn du zu Thot kommst, bitte darum, den Falken zu sehen. Thot erhebt sein Ankh, den Schlüssel des Lebens, und hält ihn gegen die Sonne. Laß, wenn du den Falken anrufst, die Hoffnung in deinem Herzen wachsen, dein Leben auf eine neue Weise zu sehen. Bereite dem Falken eine Sitzgelegenheit, einen Ort, um sich niederzulassen, indem du deinen linken Arm ausstreckst, auf den er sich setzen kann, während du deine Absichten, deine Hoffnungen und deinen Willen entwickelst.

Der Falke fällt aus der Sonne heraus, und du spürst sein Gewicht, wenn er auf deinem Arm landet. Du merkst deutlich seine Krallen, die sich in deine Faust oder deinen Unterarm bohren. Er hat kleine, spitze Klauen und einen gebogenen Schnabel. Wenn du dem Falken in die Augen schaust, konzentriere dich vom Herzen darauf, was du dir anschauen willst. Der Falke wird dir, entsprechend deinem einfachen und klaren, von Herzen kommenden Wunsch, zeigen, was dir möglicherweise fehlt und worauf du dich unbedingt konzentrieren solltest. Er wird neues Licht auf deine unmittelbaren Ziele werfen, und diese neue Wahrnehmung – die scharfe, klare Vision des Falken – wird dir Zugang zu Veränderungen verschaffen. Gemäß deiner klaren Herzensabsicht wird sein Licht alles erleuchten, was du sehen willst...

Laß dir Zeit, um die notwendigen Veränderungen zu begreifen... (*Lange Pause*) Der Falke wird bei dir bleiben, während sich deine Absichten mit deinem alltäglichen Leben verbinden.

(*Thot geleitet dich zurück in deinen Körper.*)

VERGANGENHEIT

Du kannst auch mit dem Falken in die Vergangenheit reisen, entweder in diesem oder in einem vergangenen Leben, um zu sehen, wer du bist, wo du jetzt stehst und wohin du dich in deinem Leben entwickeln könntest. Er kann dich zu deinen Ursprüngen zurückführen, damit du den Sinn deines Lebens besser verstehen kannst. Es ist möglich, zurück nach Atlantis, nach Lemurien und in ein anderes Land zu reisen, um eine Lehre zu erhalten.

(*Folge den vorangegangenen Anweisungen, um den Falken von der Sonne herbeizurufen...*)

Wenn der Falke auf deinem ausgestreckten Arm gelandet ist, bring deine Bitte vor, deine Ursprünge oder ein vergangenes Leben zu erfahren, während du tief in seine Augen schaust. Du wirst zu einem Ereignis in deiner Vergangenheit geführt, die für dein gegenwärtiges Leben relevant ist... (*Lange Pause*)

Wenn diese Erfahrung vollendet ist, wird Horus dich zurück zu Thot bringen. Nimm dir einen Moment Zeit, um ihm alles zu erzählen...

(*Thot geleitet dich zurück in deinen Körper...*)

(Führe die Alchemie des Kessels durch und rufe den Falken an...)

Öffne dein Herz für deinen Falkenfreund, und während du deine Herzensverbindung herstellst, hebt er seine Flügel, um sie in Form eines Herzens zusammenzuhalten. Du gehst durch das herzförmige Tor hindurch... Horus trägt dich über deine irdische Vergangenheit hinaus in den Weltraum, wo du deine Belehrung darüber erhältst, wie alle Dinge im Universum miteinander verbunden sind... *(Pause)*

Schließlich wirst du zu einer idyllischen Flußlandschaft gebracht, durch die du hindurchfliegst, bis du in ein stilles, wundervolles Schutzgebiet gelangst, mit fließendem Wasser aus einer Quelle oder einem Bach und mit zahlreichen Früchten und Blumen. An diesem üppigen, gepflegten Ort kannst du deine Gedanken beruhigen und inneren Frieden finden. Hier bekommst du eine Vision aller Veränderungen, die notwendig sind, um deine zukünftigen Ziele zu erreichen... *(Lange Pause)*

Wenn du zurückkehrst, ist es, als würdest du durch alle Möglichkeiten hindurchfliegen, die auf deinem zukünftigen Pfad existieren... *(Lange Pause)*

Der Falke bringt dich zurück zu Thot. Teile ihm deine Erlebnisse mit...

(Thot geleitet dich zurück in deinen Körper...)

LÖWIN

Elementarreiche

Die Löwin steht für Selbstsicherheit. Sie ist die Verkörperung des Handelns, der Autorität, der göttlichen Kraft und des Mutes. Im alten Ägypten regierte Sachmet, die löwenköpfige Kriegsgöttin, als Wächterin und leidenschaftliche Beschützerin von Maat, der Göttin der Wahrheit und Gerechtigkeit. Ihr Zorn, wenn er einmal erregt ist, ist kaum zu bändigen, dennoch ist sie eine großartige Verbündete, zu unermeßlichem Mitgefühl fähig.

In der Gegenwart von Sachmet zu sein, als Göttin oder als Löwin, heißt, die Macht und Stärke von jemandem zu spüren, der mit absolutem Scharfblick und Intelligenz sieht und handelt. Ihr stolzes Wesen hilft dabei, um sie herum ein Gefühl von Wohlbehagen zu erzeugen. Es ist jedoch nicht Sachmet, sondern die totemische afrikanische Löwin, die in der folgenden Reise erscheint. Wenn du Sachmet treffen willst, mußt du einen anderen Weg nehmen. Nachdem du dich mit der Löwin angefreundet hast, kannst du Thot bitten, dich nach Ägypten zu führen, um Sachmet in ihrem Tempel aufzusuchen.

Die afrikanische Löwin verkörpert dieselben Attribute wie Sachmet und bringt viele gute Gaben in den Kessel ein. Löwen sind die unbestrittenen Könige der afrikanischen Wildnis. Ihre Häute werden von Stammesmitgliedern bei ihren Tänzen getragen, um Mut und List für die Jagd und die Schlacht zu erwerben. Diese Reise ist eine Jagd nach Erkenntnis und Erfahrung der Elemente, mit denen sich jeder intensiv beschäftigen muß, der versucht, das Wesen der Wirklichkeit zu verstehen. Westliche Menschen halten gewöhnlich Erde, Wasser, Feuer und Luft für die vier Grundelemente.

Diese Elemente zu verstehen kann sehr hilfreich dabei sein, körperliche Gesundheit und Verhalten zu verbessern, denn wenn die

WERNEKE © 1991

Elemente in Körper und Geist ausgeglichen sind, ist alles in Ordnung und wird auf harmonische Weise funktionieren. Zuviel oder zuwenig von einem Element stört die Funktion des Körpers und beeinflußt das Verhalten.

Die Reise mit der Löwin führt dich zu den Elementargeistern, die den Elementarreichen Erde, Wasser, Feuer und Luft angehören. Du begibst dich auf eine nicht begrenzte Reise zu diesen Geistern. Die Löwin hilft dir bei deiner Jagd, denn wenn du dich in die Elementarreiche begibst, ist es hilfreich, einen erfahrenen Jäger dabei zu haben. Wenn du durch die Augen der Löwin schaust oder von ihr begleitet wirst, kannst du sicher durch die Elementarreiche reisen. Ihr waches Auge und sicheres Gespür werden dir helfen zu sehen, welches für dich persönlich der nützlichste Aspekt dieser Ebene ist. Wenn du beispielsweise ins Feuerreich gehst, wird dich ihr Scharfblick zu einer Erfahrung des Feuers führen, während der du möglicherweise sengende Hitze erleben wirst, die deine Schwäche verbrennt und dich statt dessen deinen Mut erkennen läßt.

Die intelligenten Bewohner der Elementarreiche werden immer als eigene Wesenheiten erscheinen, als Geschöpfe der Natur des jeweiligen Elementes, welches du erkundest. Im Erdreich kannst du mit Zwergen arbeiten, mit Elfen und Erdgeistern. Im Wasser können es Undinen oder Wassergeister sein. Im Feuer sind die Geister oft Salamander, und in der Luft begegnest du Feen und Sylphen.

Wenn du mit der Löwin auf diese Jagd gehst, wählst du das Element, das du erkunden möchtest. In ihrer Klugheit hält sie nach den vorteilhaftesten Möglichkeiten Ausschau, so daß du alles entdecken kannst, was in deinem Interessenbereich möglich ist. Die Löwin ist eine Jägerin, die es versteht, ihre Gelegenheiten zu nutzen, und auf jeder Ebene wirst du durch ihre Entschlossenheit, ihren unerschütterlichen Mut und ihre Kraft beschützt.

Es gibt viele verschiedene Arten der Nahrung und Versorgung, die durch deine Reisen mit der Löwin erschlossen werden. Manchmal trinkt sie Wasser oder frißt ein großes oder kleines Tier. Löwen spielen gern miteinander oder mit ihren Kleinen, aber auch mit ihrer Beute. Ebenso ist es auch auf diesen Reisen: Es geht nicht nur um die Jagd, sondern auch darum, Spaß zu haben und die Neugier zu befriedigen.

Wähle vor der Reise das Element, welches du besuchen möchtest, und richte dich nach den Anweisungen, die gegeben werden, um durch das Tor zu kommen. Der Eingang und Ausgang zu diesen Ebenen ist ein spezielles Tor, das die allgemeinen Eigenschaften des Elementes trägt.

ERDE

Während du über das Buschland streifst, um ins Erdreich zu gelangen, wird die Landschaft immer dichter. Du durchquerst eine dicht bewachsene Gegend und kommst an eine Stelle, an der es nicht mehr weitergeht, weil sich vor dir eine zerklüftete Bergwand mit Spalten und Abgründen auftut. Deine Löwin weiß jedoch genau, wohin sie gehen muß, und führt dich zu einer engen Felsspalte, die direkt in die Erde hineinführt...

Sobald du dich im Erdreich befindest, wirst du von Erdgeistern begrüßt: Zwergen, Elfen, Trollen, Gnomen oder anderen Bewohnern dieses Elementarreichs. Sie sind die Hüter des Mineralreiches und der Bodenschätze. Hier kannst du etwas über körperliche Heilung und über die Eigenschaften des Elements Erde in Erfahrung bringen. Diesem Element zugetane Menschen sind geerdet und eher körperlich orientiert. Konservativ, stabil, konstruktiv, ordentlich, entschlossen und solide sind Stichworte, die am ehesten die vom Element Erde geprägten Menschen kennzeichnen.

WASSER

Die wäßrigen Wesenheiten, einschließlich Undinen und Kobolden, sind im Wasser oder in seiner Nähe zu finden. Das Tor zu diesem Elementarreich kann ein Fluß, ein Teich oder ein größeres Gewässer sein, aber auch ein Wasserfall oder ein Bergsee.

Die Reise ins Wasserreich kann sich in Sümpfen oder an der Küste vollziehen – oder tief in der Welt der Gefühle, Emotionen, Träume oder in der Phantasie. Das Wasser ist ein Spiegel der Welt.

Es enthüllt deine Bedürfnisse, Wünsche und Illusionen. Reise mit deiner Löwin, um ein klares, heiliges Gewässer zu finden, und tauche durch die Oberfläche ins Wasserreich ein. Erkunde Emotionen, übersinnliche Fähigkeiten, Intuition und Mitgefühl. Wassermenschen sind eher mütterlich, sensibel und manchmal etwas verschlossen.

FEUER

Ein Vulkan oder ein anderer feuriger Ort wird Eingang ins Feuerreich gewähren. Möglicherweise springt die Löwin auch durch helle, lodernde Flammen. Achte darauf, wie sich das Element anfühlt: die Wärme, die Flüchtigkeit, die Faszination. Feuer kann in Wäldern und Feldern gefunden werden. Seine Bewohner sehen wie Elfen und Feen aus, aber sie sind flammend, vibrierend. Möglicherweise triffst du auch auf einen Salamander.

Im Feuer kannst du die Leidenschaft und die schöpferische Kraft deines Willens entwickeln. Das Feuer ist das Reich des Geistes. Feurige Menschen sind mutig und aggressiv, und zuviel Feuer kann in Ärger oder Zorn enden, sogar in Gewalt. Durch die Arbeit mit einem Element, das aus dem Gleichgewicht geraten ist, kannst du lernen, es zu beruhigen und auszugleichen.

LUFT

Das Luftreich erreicht man, indem man sehr hoch klettert, auf Berge mit weiter Aussicht auf den Himmel und die Wolken. Der Eingang kann ein Sprung über einen tiefen Abgrund sein, der eine Veränderung der räumlichen Perspektive nach sich zieht. Du begegnest vielleicht geflügelten Feen, Sylphen oder fliegenden, sich emporschwingenden Wesen wie dem Phönix oder dem Adler. Im Luftreich kannst du etwas über Kommunikation und Ideen in Erfahrung bringen und Informationen über das Denken und den Humor erhalten. Hier werden oft Gesang und Poesie inspiriert, denn dies ist das Element der Musen. Luftige Menschen sind eher idealistisch, intellektuell, unbeschwert, abstrakt und lustig. Die Luft ist das Reich, das man besucht, um es «leichtzunehmen» oder das Bewußtsein zu erweitern.

In allen Elementarreichen wird die Aufmerksamkeit der Löwin ein Wesen aufspüren, das auf dich wartet, sich dir nähert oder dich begrüßt. Dabei ist es wichtig, bei dir zu bleiben. Die Gesellschaft der Löwin verleiht zusätzlich Kraft und Schutz. Wenn du aus einem ganz bestimmten Grund da bist, teile dies der Wesenheit mit, und sie wird dich zu deinem Ziel führen. Ansonsten laß das Elementarwesen dich zu jeder Information oder Erfahrung führen, die gerade angebracht ist.

Jedesmal wenn du dich in ein Elementarreich begibst, wirst du etwas erleben, was für deine Bedürfnisse und Wünsche spezifisch ist, und anschließend von deiner Löwin an den Ruheplatz in der Savanne gebracht, von der du ausgegangen bist.

Das Reisen mit diesen majestätischen Großkatzen erweitert das Verständnis. Jedesmal, wenn du eine der Reisen noch einmal unternimmst, wird sie anders sein.

Löwinnenreise

(Beginne mit den Elementen, wie sie in der Einführung zur Löwin beschrieben sind, und entscheide dich für eines der Elementarreiche, welches du gern besuchen möchtest. Begib dich durch die Alchemie des Kessels zu Thot.)

Thot führt dich in die afrikanische Savanne, in der die Löwen leben. Dort, an einem Wasserloch, wirst du ein Rudel Löwen liegen sehen, die in der Nachmittagssonne dösen. Die Hitze des Tages ist drückend, fast unerträglich. Du schaust dir das Rudel genauer an. Die Stille wird nur gelegentlich durch ein Schwanzwedeln unterbrochen, um die ständigen Insekten zu vertreiben.

Eine der Löwinnen fängt deinen Blick. Du schaust zurück und grüßt sie. Frage sie von Herzen nach der Information oder der Erfahrung, die du brauchst, und die Löwin wird sich erheben, um dich auf einen Jagdausflug mitzunehmen. Du mußt entscheiden, welches Elementarreich du erkunden möchtest, und alle spezifischen Anliegen, die du hast, vortragen.

Die Löwin lädt dich in ihren Körper ein, dennoch bewahrst du dein eigenes, getrenntes Bewußtsein... Sie läuft mit federndem Gang über die Savanne. Fühle die Kraft ihrer Bewegungen, das Spiel ihrer Muskeln, die ihren Körper leicht und geschwind vorantreiben. Ihre Sinne sind vollkommen wach, dennoch scheint sie an den Tierherden, an denen ihr möglicherweise vorüberkommt, uninteressiert. Trotzdem werden einige Tiere bereits beim Anblick der Löwin panikartig die Flucht ergreifen. Achte auf die Landschaft. Die Löwin nimmt im Wind die Witterung auf und weiß instinktiv die richtige Richtung. Sie hält einen Moment· inne und gibt ein grollendes Knurren von sich. Spüre, wo im Körper dieser Ton vibriert... die Löwin führt dich in eine höhergelegene Region auf der Suche nach einem angemessenen Eingang zum Elementarreich deiner Wahl...

Sobald du in dieses Reich eingetreten bist, erhältst du deine individuelle Identität wieder. Du wirst zu dem entsprechenden Elementarwesen geführt und machst die Erfahrung, die deinen Hunger nach Erkenntnis stillt...

(Lange Pause)

Wenn die Erfahrung des Elementarreichs deiner Wahl abgeschlossen ist, wird die Löwin dich für den Rückweg wieder in ihren Körper aufnehmen, denselben Weg zurückgehen, den ihr gekommen seid... Sie führt dich zur Savanne, wo das Rudel noch immer am Wasserloch ruht.

Schau der Löwin in die Augen, bis du dich mit dieser mächtigen Kreatur in völliger Übereinstimmung befindest. Du fühlst dich befriedigt und erfüllt und würdest dich am liebsten mit deiner Verbündeten einrollen und ein Schläfchen machen, während du die Informationen und Erfahrungen verdaust, wie dies Löwen nach ihrer Jagd so tun...

Zur rechten Zeit wird Thot wieder erscheinen. Geh mit ihm dein Erlebnis noch einmal durch...

(Thot wird dich zurück in deinen Körper geleiten...)

WERNEKE © 1991

ZEDER

Akascha

Die Zeder bildet im goldenen Kessel den Durchgang in den Bereich von Akascha, die Ebene des Wissens. In verschiedenen Traditionen gilt Akascha als das fünfte Element, das Medium, aus dem die anderen vier – Erde, Wasser, Feuer und Luft – hervorgehen.

Akascha ist die Entsprechung von dem, was in einigen Traditionen «Äther» genannt wird, vergleichbar mit dem tiefen Raum des sternenübersäten Nachthimmels. Seine Farbe ist entweder Indigo oder Purpurschwarz und goldgefleckt wie das ätherische Ei in der Alchemie des Kessels. Das Ei ist das universale Symbol der Schöpfung, und die zweidimensionale Darstellung eines Eis – das Oval – kann als Tor zu Akascha genutzt werden.

Um auf diese Ebene zu kommen, werden wir die *vesica piscis*, wörtlich: das «Gefäß» oder die Schwimmblase des Fisches, verwenden. Das Symbol wird durch die Überschneidung von zwei Kreisen gebildet, die das «Oben» und das «Unten» darstellen. Die Form, die sich durch die Überschneidung bildet, wird zum Symbol für Akascha. Der Querschnitt eines Fisches weist dieselbe Form auf, ebenso wie die weibliche Yoni oder Vulva.

Es gibt zahlreiche Pfade, um Zugang zu den Akascha-Chroniken zu erhalten, zu jener ätherischen Bibliothek, in der sämtliches vergangenes, gegenwärtiges und zukünftiges Wissen gespeichert wird. Im goldenen Kessel bildet die alte, anmutige Zeder das Tor.

Eine der ältesten überlieferten Legenden der Menschheit ist eine Legende über die babylonische Göttin Ischtar, den Sumerern als Innana bekannt, deren Thron eine gigantische Zeder in einem riesigen unberührten Wald war. Der Thron der Ischtar wurde von einem drachenähnlichen Monster Namens Humbaba bewacht. Humbaba war ein großer Wächter der Erde, teils Löwe, teils feuerspeiender Drache.

Gilgamesch war Krieger, Held und König, immer ruhelos auf der Suche nach einer Möglichkeit, seinen Namen «in Stein zu verewigen». In dem Land, in dem er lebte, war er jedoch nicht sehr wohlgelitten. Er wurde gefürchtet, denn er galt als jähzorniger Frauenheld, bis er sich in seinem späteren Leben verwandelte. Gilgamesch war ein Sterblicher, zwei Drittel Gott und ein Drittel Mensch. Er war der erste, der in den Wald eindrang. Er wollte dem Land seinen Stempel aufdrücken, indem er den bösen Riesen, der den Wald bewachte, tötete. Dies gelang ihm, und als Humbaba starb, verteilte sich der Zauber des Waldes in alle Himmelsrichtungen – in die Unterwelt, die Flüsse, die Bäume. Der Zauber war gebrochen.

Als Gilgamesch in den Wald eintrat, folgte er mit seinen Kohorten dem Pfad, den Humbaba genommen hatte, und fand seinen Weg zur Urgroßmutter Zeder, Wohnstatt der Göttin, Ischtars Thron. Wie um seine Eroberung unter Beweis zu stellen, schwang Gilgamesch seine Axt mit aller Macht gegen den Stamm der majestätischen Zeder. Die Wunde, die er mit seiner Axt dem Baum zufügte, verheilte in Form der *vescia piscis*, und es ist dieses Tor, welches wir für unseren Weg auf die akaschische Ebene durchschreiten. Die hier verwendeten Bilder unterscheiden sich jedoch von den meisten Darstellungen der Akascha-Chroniken, denn wir finden Zugang durch den Thron der Göttin.

Dies ist ein Ort, an den man sich begibt, um Wissen zu erhalten, und es ist hilfreich, von vornherein eine bestimmte Frage zu haben. Wenn du dich mit zunehmender Praxis im Bereich von Akascha immer wohler fühlst, wirst du lernen, wie du detaillierte Informationen erhalten kannst. Möglicherweise braucht es mehr als eine Reise, um zu lernen, hier das Bewußtsein nicht zu verlieren, denn es kann ein sehr ungewöhnliches, «abgehobenes» Erlebnis sein. Dir wird geraten, ein Geschenk aus dem Herzen der Erde emporzuholen. Es ist wichtig, dies mitzunehmen, denn es wird dir helfen, geerdet zu bleiben und nicht davonzutreiben und dadurch die bewußte Erinnerung deiner Erfahrung zu behalten.

Zedernzweige sind hervorragendes Räucherwerk. Sie sind geeignet, um Orte, Menschen oder Werkzeuge von negativen Energien zu reinigen. Um auf eine heilige und respektvolle Weise Zeder zu sammeln, finde den größten, ältesten Baum in einem Zedernhain und bring ein Tabak- oder Maismehlopfer in alle vier Himmelsrichtungen dar. Sage dem Baum, was du mit seinen Nadeln zu tun beabsichtigst, und verteile dein Opfer unter seinen Ästen. Dann kannst du von den kleineren Bäumen in der Nähe sammeln, was du brauchst.

Zederreise

(Führe die Alchemie des Kessels durch...)

Thot weist dir den Weg in einen großen, unberührten Wald. Du befindest dich im alten Sumer, im Gebiet des heutigen Irak. Der Wald ist riesig. Üppige, immergrüne Nadelbäume, groß und stattlich, ihre gefiederten Zweige erhoben wie im Gebet, erstrecken sich in alle Richtungen, soweit das Auge reicht. Du folgst der Spur, auf der Humbaba einst wandelte. Der Weg ist bequem und mühelos zu begehen.

Es ist nicht schwer, die Lichtung zu finden, auf der wie ein Koloß die riesige Zeder steht, vor einem grünen Berg im Herzen des Waldes. Es ist ein großartiger Baum mit einem enormen Stamm, ähnlich den Mammutbäumen an der amerikanischen Westküste. Die Zweige des Baums greifen aus, als wollten sie die ganze Natur umarmen, und erzeugen das Gefühl der Geborgenheit, Sicherheit und Fürsorge. Diese Zeder bildet einen königlichen Sitz für die Göttin, überragt den Rest des Waldes und spendet reichlich Schatten.

Du schaust dir Urgroßmutters Zeder genau an. Es scheint, als habe jemand ein golden schimmerndes, mannshohes Rechteck in ihren Stamm geritzt. Du trittst durch diese türartige Öffnung in den Baum ein. Schlagartig erweitert sich deine Wahrnehmung und umfaßt den ganzen Baum. Laß deine Aufmerksamkeit durch den Stamm aufwärts und bis in die Zweige hinein reisen. Erweitere deinen Blick, bis du dich in den kleinsten Ästen der Zeder befindest und dir die Aura um die gefiederten, frischen Triebe der Zeder vorstellen kannst...

Nimm dir soviel Zeit, wie du brauchst, um dich so einzustimmen, daß alle deine Sinne dieses Erlebnis auskosten können. Rieche die aromatischen Säfte: Das Aroma der Zeder hat eine reinigende Wirkung, und du kannst die Befreiung von Negativität, Zweifeln und allen Zwängen und Anspannungen deines Lebens spüren. Der Wind fährt sanft durch deine Zweige, trägt alle diese negativen Dinge davon, und deine Läuterung ist vollendet...

Konzentriere dich wieder auf das Herz deines Baums. Fühle die Kraft und Beweglichkeit deines Stammes. Hier hast du ein Gefühl der Macht, das dir erlaubt, den Stürmen zu trotzen, die sicher irgendwann durch diesen Zauberwald fegen werden...

Geh mit deiner Wahrnehmung nun hinunter zu den Wurzeln. Eine unglaubliche Energie geht von hier aus, und du bist umgeben von Lichtern, die an dir vorüberhuschen. Folge den Wurzeln deines Baumes, tiefer und tiefer, durch die verschiedenen Schichten von Felsen und Mineralien. Das Erdreich wird dichter. Deine Wurzeln werden kleiner und feiner, und dennoch findest du deinen Weg weiter nach unten, bis du deine Verbindung mit dem Herzen der Erde spürst. Du kannst den Puls der Mutter und die Wärme aus ihrem feurigen Kern spüren. Es liegt dort etwas für dich bereit, ein Stück von Mutter Erde, das du mit auf die Reise nehmen kannst...

Bring es auf deinem Aufstieg mit dir. Die Energie trägt dich nach oben, hinauf durch die Wurzeln und zurück in den Stamm des Baums, wo du aus dem Inneren des unteren Teils das Symbol der Akascha sehen kannst, das durch Gilgameschs Axthieb in den Baum gehauen wurde. Du gehst durch diese Öffnung hindurch und wirst plötzlich in einen nächtlichen Strudel gezogen, einen Tunnel der Finsternis. Das unendliche Funkeln der Sterne erglänzt in gedämpftem Licht, so, als würdest du durch viele Schichten von Gazeschleiern schauen...

Das Sternenlicht schwindet, und du trittst in die vollkommene Leere ein. Laß dich für einen zeitlosen Moment in diese samtige Schwärze hineingleiten...

Ein großes Auge erscheint. Du wirst in das Auge hineingezogen und fällst durch die Pupille in seiner Mitte... ein besonderes Geschenk erwartet dich im Inneren des Auges, etwas, das für deinen gegenwärtigen Stand in der spirituellen Entwicklung symbolisch ist. Nimm dein Geschenk entgegen und halte Ausschau nach der Person, die es dir gegeben hat. Es ist entweder die Göttin oder eine ihrer Stellvertreterinnen. Sie ist da, um dir zu helfen, Akascha kennenzulernen und herauszufinden, wie du an die Chroniken gelangst. Verbringe hier eine Weile, gewöhne dich an das Gefühl dieser akaschischen Ebene und nimm die Informationen entgegen, die dein Führer dir zukommen läßt. Stell nun die Frage, falls du eine hast... (*Lange Pause*)

Durch neue Einsichten bereichert, wirst du aus dem Auge hinaus wieder zurückgeschickt. Geh wieder durch den Tunnel der verschleierten Sterne durch die Narbe, die das akaschische Symbol bildet, in den Baum hinein. Laß dir Zeit, dich in dem Stamm des Baumes zu konzentrieren. Erlebe dich selbst als der totale Baum aus seiner Mitte – ganz, vollständig im Gleichgewicht und geerdet, eingehüllt in Liebe. Der Baum verwandelt sich zurück in deinen Körper, und du bist wieder in menschlicher Gestalt, in der Gegenwart von Thot.

Besprich deine Reise mit ihm.

(*Thot wird dich zurück in dein gewöhnliches Bewußtsein geleiten...*)

WERNEKE © 1991

DELPHIN

Kommunikation
Atlantis

Delphine haben einen unwiderstehlichen Charme, und ihre unbeschwerten Spiele sind für uns Menschen eine Augenweide. Sie sind extrem sensibel, verspielte und sorglose Säugetiere, die uns eine große Lektion in Sachen Lebensfreude erteilen können.

Umfangreiche Forschungen sind angestellt worden, um eine sprachliche Verbindung zu Delphinen aufzubauen, denn sie scheinen von sich aus erhebliche Anstrengungen zu unternehmen, um mit uns zu sprechen. Es existieren zahlreiche Berichte über klare telepathische Verständigungen mit Delphinen, die nahelegen, daß Delphine intelligente, liebevolle Wesen sind. Diese Vorstellung wird noch unterstützt durch Vorkommnisse, bei denen Delphine Menschen gerettet haben, die von Haien attackiert wurden oder dabei waren zu ertrinken.

Delphine lehren uns, daß jegliche Kommunikation aus Mustern und Rhythmen besteht. Du beschäftigst dich auf dieser Reise mit ihren Fähigkeiten zur Kommunikation und kannst, ebenso wie bei anderen Begegnungen mit Delphinen, beobachten, wie sie die Muster und Rhythmen erzeugen, die zur Sprachbildung notwendig sind. Die Pausen zwischen den Tönen sind ebenfalls Teil ihrer Sprache. Wegen seiner Funktion als Vermittler und Kommunikator wird der Delphin auch der «Hermes der Meere» genannt.

Es gehört zu den Besonderheiten der Wahrnehmung des Delphins, daß er sehen kann, wie alle Dinge des Lebens zusammenhängen. Delphine nehmen die Wirklichkeit als eine verschmolzene Einheit wahr und sind in jedem Augenblick absolut präsent. Indem wir durch die Welt des Delphins schwimmen und die Einfachheit und Freude wahrnehmen, die damit verbunden ist, aus dem Wasser in das vollkommene fremde Medium der Luft zu springen, erhalten wir ein Modell, eine Möglichkeit, mit unserem Leben umzugehen. Wir gewinnen die Sicherheit, daß letztlich alles Geschehen ein zusammenhängendes Kontinuum bildet.

Jedesmal, wenn du kommst, werden sie dich ein wenig mehr über ihre Welt lehren, wobei sie gelegentlich einen Aspekt ihrer eigenen Geschichte preisgeben oder dir ein telepathisches Wissen über unseren Kosmos vermitteln. Je besser du sie kennenlernst, desto mehr Zeit kannst du als Delphin auf deinen Reisen verbringen. Versäume nicht, dir Zeit zu nehmen, um nach deiner Rückkehr in Resonanz mit deiner Erfahrung zu verweilen. Es ist darüber hinaus zu empfehlen, dich nach der Arbeit mit dem Delphin besonders gut zu erden.

Ein Aspekt des Delphins, den wir auf dieser Reise erkunden, ist die Urerfahrung innerhalb der Gebärmutter, in der man Gelegenheit hat, ganz offen und ruhig heranzureifen. Komm in diesen Raum nicht mit Plänen und Vorhaben, denn die Zuwendung, die du dort erfährst, geht über jede Beschreibung hinaus.

Viele Lebensformen sind wegen unserer Umweltverschmutzung stark gefährdet. Als Geschenk oder Austausch könntest du deine persönliche Weise anbieten, dich an dem andauernden Kampf zur Erhaltung des Lebens im Ozean zu beteiligen.

Delphinreise

(Führe die Alchemie durch...)

Thot führt dich zu einer herrlichen, unberührten Bucht am blauschimmernden Ozean. Delphine spielen in dem warmen Wasser und vollführen elegante Sprünge, als wollten sie eine Vorstellung nur für dich veranstalten. Sie nicken dir mit dem Kopf zu und locken dich an. Steige ebenfalls ins Wasser, um zu schwimmen und mit den Delphinen zu spielen. Sie sind sehr neugierig und haben überhaupt keine Angst, also kannst du dich ihnen leicht nähern und sogar ihre glatten Körper streicheln. Achte auf die Töne, die sie von sich geben, und auf ihre Bewegungen. Sie kommunizieren miteinander, während sie sich um dich herum tummeln und die reinste Lebensfreude ausstrahlen. Laß dir Zeit, um dich an der Gegenwart der Delphine zu erfreuen. Bekomme heraus, wie sie sich untereinander verständigen, und erlebe das Spiel der Delphine und ihr Gemeinschaftsleben...

(Lange Pause)

Ein einzelner Delphin freundet sich ganz besonders mit dir an. Es ist ein Delphinweibchen. Sie lädt dich ein, auf ihrem Rücken zu sitzen und trägt dich weit hinaus in den Ozean. Es ist ein sehr sinnliches und rutschiges Unterfangen, auf dieser glatten und eleganten Kreatur zu reiten. Sie bewegt sich schnell und zielsicher... *(Lange Pause)*

Nachdem ihr lange Zeit geschwommen seid, kommt ihr zu den antiken Ruinen einer versunkenen Stadt des Kontinents Atlantis. Die Delphine tauchen tief hinunter, um dich herumzuführen. Sand und Schutt decken einen Großteil der Stadt zu, dennoch rufen die Säulen und Gebäudeteile, die man noch erkennen kann, ein Gefühl von Pracht hervor. Bewege dich mit den Delphinen durch die Ruinen. Was du von den vom Sand begrabenen Gebäuden und Monumenten noch erkennen kannst, gibt dir einen Eindruck von dem vergangenen Glanz dieser großen Zivilisation.

Die Delphine führen dich an ein Versteck mit einer kreisförmigen Einstiegsklappe. Ein Ring mit geschnitzten Delphinen dient als Türgriff, an dem man ziehen muß, damit die Klappe sich öffnet. Sie ist schwer, und die Delphine helfen dir dabei. Wenn die Klappe geöffnet ist, warten die Delphine draußen, und du bewegst dich durch die runde Öffnung in das dunkle Innere des Verstecks.

Du hast das Gefühl, ganz von pechschwarzem Samt eingehüllt zu sein. Die Atmosphäre ist dunkel, still, fast brütend. Die völlige Abwesenheit von Sinnesreizen betont noch das Mysteriöse an diesem Raum. Tief im Innern spürst du die Gegenwart einer weiblichen Energie, älter als alle Worte. Du bist ins Zentrum des brodelnden Kessels im großen Urmeer eingetreten und in den Schoß der Großen Mutter zurückgekehrt. Verweile in der Gegenwart dieses uralten, doch formlosen weiblichen Archetyps, um das Geschenk der Erneuerung zu erhalten... (*Lange Pause, während du in diesem der Leere ähnlichen Gebärmutter-Raum bleibst.*)

Wenn deine Reifungszeit beendet ist, spürst du ein Zusammenziehen um dich herum, wie wenn die Wände des Nichts von allen Seiten auf dich eindringen würden. Du wirst aus dem Mutterschoß hinausgedrückt, zurück in das Wasser mit den Delphinen. Du bist nun einer von ihnen. Alle deine Sinne sind geschärft, erfrischt und erneuert. Fühle das fließende Wasser, wie es über deine Haut streicht. Auch die Klangwellen bewegen sich jetzt ganz anders durch deinen Körper.

Schwimm wie ein Delphin. Erfreu dich an der Lust deiner fröhlichen Spritztour durch den Ozean mit deinen Delphinfreunden... (*Lange Pause*)

Wenn du in die Bucht zurückgekehrt bist, wo Thot wartet, stubst dich ein Delphin an und überreicht dir ein Geschenk aus dem Meer... Du kannst den Delphinen auf jede beliebige Weise danken, die sich angemessen anfühlt. Die Delphine sind sehr erfreut, daß du diese Reise unternommen hast, und laden dich ein, jederzeit wiederzukommen.

Entschließe dich bewußt, aus dem Wasser zu steigen. Das bringt dich zurück in deine menschliche Gestalt. Nimm dir einen Moment, um dein Spiegelbild in dem klaren Wasser zu betrachten, so daß du die Züge deines Gesichtes erkennen kannst...

(*Thot wird dir zurück in deinen Körper helfen. Es ist besonders wichtig, dich vollständig zu erden und deine Mitte zu finden, nachdem du mit dem Delphin gearbeitet hast. Wenn du bei der Erdung weitergehende Unterstützung brauchst, ist es hilfreich, in einen Spiegel zu schauen und deine menschliche Gestalt zu sehen.*)

KOJOTE

Schattenseiten

Der Kojote ist der Schelm, der «Trickster». Die nordamerikanischen Indianer nennen ihn oft den «Großvater» oder den «Alten», und er wird von ihnen als Lehrer sehr geschätzt. Seine Art zu lehren besteht darin, daß er unsere verborgenen Wünsche entlarvt. Er führt uns Seiten von uns vor, über die wir häufig selbst erstaunt sind. Seine zahlreichen Kunststücke und sein verblüffendes Verhalten als Schöpfer, Lehrer, Verwandlungskünstler und Witzbold sind in Mythen und Legenden vieler Stämme und Kulturen auf der ganzen Welt beschrieben.

Der Kojote ist jedoch mehr als eine witzige Figur. Er ist ein faszinierendes, schillerndes Etwas, das alle Versuche, es zu definieren, lächerlich macht, in Frage stellt und auf verblüffende Weise ad absurdum führt. Nicht immer erscheint er in Gestalt eines Kojoten. Einige Stämme kennen ihn als Hasen, als Krähe oder als Raben, und am deutlichsten ist er in der Gestalt des Thot wiederzufinden.

Der Kojote beehrt den Kessel mit einer Reise in unseren Schatten, wo er Verborgenes ans Licht bringt. Er hilft dir, das zu sehen, was dir normalerweise entgeht, und läßt es dich in neuem Licht sehen. Die Reise wird am besten in der Abenddämmerung oder gegen Abend durchgeführt. Solltest du zu diesem Zeitpunkt nicht reisen können, kannst du dir die Dämmerung vorstellen. Die Zeit des Tricksters ist während des Überganges vom Tag zur Nacht – die Lücke zwischen den Welten, in der die Magie am stärksten ist. Für dieses Abenteuer mußt du in sein Reich reisen, über Hügel springen, durch Büsche und Bäume und möglicherweise auch durch eine dürre Wüstenlandschaft laufen.

Wolf, Fuchs und Kojote teilen ähnliche Eigenschaften. In Japan gilt der Fuchs als der Trickster, und das ägyptische Gegenstück ist

WERNEKE © 1991

der Schakal. Alle dem Hund verwandten Arten sind großartige Wächter, denn sie sind tagsüber ebenso wachsam wie in der Nacht.

Dies ist eine Jagdreise, eine Suche. Du bist auf der Jagd nach einer Erfahrung, die dich etwas lehrt. Der Kojote zeigt dir, was du anschauen oder wem du dich stellen mußt. Natürlich geht der Kojote, wie es sich für ihn gehört, allem Berechenbaren konsequent aus dem Weg. Manchmal wirft er einen Blick in das Leben anderer Menschen. Dann kannst du dich vielleicht in den Handlungen deiner Mitmenschen wiedererkennen. Du schaust in ihre Wohnungen, siehst, wie sie sich verhalten, und erkennst dann, daß dies die Dinge sind, die du selbst auch tust. Du erwirbst die Fähigkeit, über dich selbst zu lachen, oder findest heraus, daß man dich zum Narren gehalten hat.

Der Trick liegt darin, daß du dich selbst durch jemand anderen erkennst. Möglicherweise bist du gezwungen, Abfälle zu durchstöbern oder dich von ihnen zu ernähren, oder du jagst und frißt Kleintiere. Um mit dem Kojoten zu reisen, mußt du alles tun, was er tut. Wenn er rennt, dann rennst du auch. Wenn er springt, springst auch du. Alles ist möglich, wenn du mit dem Kojoten reist. Sei also darauf gefaßt, tief in dein Inneres zu schauen, um die verborgenen Bedeutungen deiner Lektion zu erfahren.

Ausgang und Dauer der Kojotenreise sind nicht festgelegt, und du machst sie am besten, wenn du bereits über einige Reiseerfahrungen verfügst, denn wenn der Text aufhört, bist du ganz auf dich gestellt.

Kojotenreise

(Führe die Alchemie des Kessels durch...)

Thot wird dich ins Reich des Kojoten führen, aber finden mußt du ihn selbst. Das Reich kann ein Wald sein oder ein Hügelland, eine Wüste oder auch das Hochgebirge. Möglicherweise entdeckst du ihn im Dickicht. Wenn nicht, mußt du der gerissenen Kreatur regelrecht nachstellen. Irgendwo im Schatten wird sie sich verstekken. Schau an den dunkelsten Orten nach. Es ist, als würdest du in die Tiefen deines Geistes schauen. Schau dem Kojoten, wenn du ihn gefunden hast, direkt ins Gesicht, denn die erste Annäherung geschieht durch Augenkontakt... *(Lange Pause)*

Der Kojote schaut dir tief in die Augen. Seine Ohren sind gespitzt, aufmerksam hört er ein breites Spektrum von Tönen und Geräuschen, das dein Hörvermögen bei weitem überschreitet. Seine Zunge leckt den Speichel von seinen triefenden Lefzen. Er kratzt sich sein verfilztes Fellkleid, und du bemerkst einen durchdringenden Geruch, der deine Verwandlung in einen dürren, schmuddeligen Kojoten auslöst. All deine Sinne sind geschärft, besonders deine Nase und deine Ohren.

Du bewegst dich recht gewandt in deinem Kojotenkörper, während du deinem Kojotenfreund folgst. Wahrscheinlich wird er sich im Schatten fortbewegen oder auch einmal schnell über ein offenes Feld oder eine ungeschützte Stelle huschen. Je mehr du rennst und je weiter du läufst, desto mehr schmilzt dein Widerstand gegen deine neue Identität dahin, so daß du nun dem Kojoten überallhin folgen kannst. Du bewegst dich, wenn er sich bewegt. Wenn er anhält, hältst du an. Dies ist eine Reise, auf der du deine dunklen Seiten kennenlernst. Denn der Kojote hat keine Angst vor der Dunkelheit. Laß dich von ihm zu den richtigen Erfahrungen führen... *(Lange Pause)*

Wenn du genug hast, oder das Gefühl hast, ihr seid fertig, schau dem Kojoten noch einmal in die Augen und laß ihm ein Geschenk oder irgend etwas Nahrhaftes für seinen Geist da... Nimm weitere Botschaften, die er möglicherweise für dich hat, entgegen und begib dich zurück auf den Pfad, an dem Thot dich erwartet. Du wirst dich wieder in deine menschliche Gestalt verwandeln und ihm von deinem Erlebnis erzählen...

(Thot wird dir zurück in dein gewöhnliches Bewußtsein helfen...)

BLAUHÄHER
Masken

Masken strahlen die vielen Facetten unserer Persönlichkeit aus und schützen uns an den Stellen, an denen wir uns verletzlich fühlen. Wir tragen zu verschiedenen Anlässen verschiedene Masken und haben durch diese Masken die Fähigkeit, ein Stück aus uns herauszutreten und uns von außen zu beobachten. Masken können auch dazu dienen, verschiedene Teile unserer Persönlichkeit zu zeigen: den Krieger, den Künstler, die Schattenseite oder das innere Kind.

Der Blauhäher ist ein nordamerikanischer Vogel, etwas größer als ein Star und etwas kleiner als ein Eichelhäher, mit einem blauschillernden Schwanzgefieder und einer leuchtend weißen Haube auf dem Kopf. Er trägt viele Masken und gilt als Meister der Verstellung. Durch seine Fähigkeit, Töne zu imitieren, nimmt er die Stimme anderer Tiere an und bleibt dabei doch ganz der Blauhäher.

Oft werden wir durch die Masken, die andere Menschen tragen, getäuscht. Viele Menschen tragen zum Beispiel die Maske des Lichts. Die Welt ist voller Leute, die behaupten, sei seien Lichtmenschen, aber man muß lernen, hinter ihre Maske und Verkleidung zu schauen. Der Blauhäher ist hervorragend darin, anderen hinter die Maske zu schauen, sie ihnen vom Gesicht zu reißen und ihre wahre Identität und ihre wirklichen Absichten zu enthüllen.

Wenn du mitten im Leben stehst und nicht mehr den Unterschied zwischen einer Person und deren Maske feststellen kannst, dann kann der Blauhäher dir helfen. Er entschlüsselt widersprüchliche Botschaften und durchschaut die täuschenden Masken derjenigen, die ihr Gesicht verändern, um sich der Situation anzupassen.

Wenn du auf die Reise gegangen bist und die Verbindung zum Blauhäher als einem neuen Verbündeten hergestellt hast, wirst du merken, daß du einen sehr nützlichen Freund gewonnen hast. Wenn du nicht weißt, was du von jemandem halten sollst, weil er

eine Maske trägt, und du keine klaren Antworten erhältst, ruf den Blauhäher, und er wird sich auf deiner rechten Hand niederlassen. Er wird der fraglichen Person das wahre Gesicht enthüllen.

Wenn du immer wieder zum Blauhäher zurückkehrst, kannst du von einem wahren Meister seines Fachs einige Lektionen in Sachen Wandlungsfähigkeit erhalten.

Blauhäher-Reise

(Beginne mit der Alchemie...)

Thot nimmt dich bei der Hand, und zusammen geht ihr hinaus auf ein Feld. Er sagt: «Psst! Hör mal zu!», und du hörst den Schrei eines Falken. Du drehst dich um, schaust nach oben, aber kannst keinen Falken sehen. Dann hörst du das Piepsen einer Maus, hockst dich hin, um im Gras und in den Büschen nachzusehen. Aber du kannst nichts erkennen, was sich bewegt... Dann hörst du noch weitere Laute von irgendwelchen Vögeln, aber du kannst sie nicht erkennen... Nun hörst du noch ein Eichhörnchen...

Thot führt dich zu einer Fichte und ruft einen Blauhäher herunter... Streck deine rechte Hand aus. Der Blauhäher setzt sich darauf und krallt sich fest in deine Haut ein. Das tut weh... Thot sagt dir, daß dir der Blauhäher sein Zeichen hinterlassen hat. Indem er sich auf deine inneren Schwingungen eingestellt hat, ist er zu deinem Verbündeten geworden.

Du schaust dem Blauhäher direkt in die Augen und kannst dein Spiegelbild in ihnen erkennen. Er trägt die Maske, die du der Welt gegenüber zeigst. Der Blauhäher imitiert deinen Charakter... Möglicherweise zeigt er dir verschiedene Masken, die du häufig wählst, um dich dahinter zu verstecken...

Wenn du willens und bereit bist, kann der Blauhäher dir einen Blick auf dein wahres Gesicht geben, das Gesicht, welches unter all den Masken verborgen ist...

Der Blauhäher belehrt dich über Masken im allgemeinen und wie man sie richtig einsetzen kann... *(Lange Pause)*

Wenn es jemanden in deinem Leben gibt, über dessen wahre Identität du dir nicht sicher bist, wird der Blauhäher dir seine Maske zeigen, ebenso wie das, was hinter der Maske steckt...

Als Geschenk für den Blauhäher kannst du ihm eine Maske überlassen, die du nicht mehr länger brauchst. Der Blauhäher ist häufig sehr verspielt, und du kannst deinen Spaß mit ihm haben...

Besprich dieses Erlebnis mit Thot...

(Thot wird dich zurück in deinen Körper geleiten...)

SCHAKAL

Unterwelt

Schakale gehören zu den Kaniden, die in Ägypten, wo sie am Rande der Wüste herumstreichen, als geschickt und listig gelten. Sie sind den Kojoten sehr ähnlich und teilen einige von deren Eigenschaften. Ihre Zeit ist die dunkelste Stunde, kurz vor der Morgendämmerung. Dann kann man sie hören, wie sie jaulend den neuen Tag begrüßen.

Anubis, der ägyptische Schakalgott, ist äußerst schlau und hat einen ausgeprägten, unverwechselbaren Charakter. Er ist der Wächter der Unterwelt und gleichzeitig der Wegbereiter. In der ägyptischen Theologie hat Anubis die Aufgabe, beim Sterben die Waage abzulesen. Wenn ein Mensch stirbt, wird er zur Waage des Thot geführt, und sein Herz wird gegen die Feder der Maat aufgewogen, der Göttin der Wahrheit und Gerechtigkeit.

Ganz gleich wie sorgfältig die alten Ägypter ihre Gräber verbargen und verschlossen, der Schakal fand immer seinen Weg dorthin. Um sich diese Fähigkeit zunutze zu machen, ernannten sie den Schakal zum Wächter der Grabschätze. Anubis ist ein vorzüglicher Alchemist, bekannt für seine Meisterschaft in der Kunst des Einbalsamierens. Er hat darüber hinaus die Aufgabe, sich um Fehlgeburten und unerwünschte Kinder zu kümmern.

Mit Anubis kannst du gefahrlos die Unterwelt erkunden. Er verfügt über ein äußerst gutes Gehör, extreme Klarheit, einen scharfen Geruchssinn und die Fähigkeit, die verschiedenen Quellen von Licht und Dunkelheit zu unterscheiden. Sein Auge erkennt alle Farben, hell und dunkel, und bewegt sich fast so schnell wie die Gedanken. Ohne einen Moment zu überlegen, handelt er aus dem Instinkt heraus.

Anubis ist ein Lehrer, und durch seine Augen kannst du Schulung, Wissen und Schutz erhalten. Er führt Menschen und bringt

sie durch die Dunkelheit ans Licht. Viele fürchten die Dunkelheit, und das Wissen, daß es einen Seelenführer gibt, der dir hilft, kann sehr beruhigend wirken.

Auf der folgenden Reise wirst du Gelegenheit haben, folgenschwere Situationen oder einschneidende Erfahrungen im Leben, die du verdrängt oder vergessen hast, zu erforschen. In der Gegenwart von Anubis kannst du blockierte Energien, die sich um jene alten Geschichten herum im Laufe der Zeit gesammelt haben, erkennen und freisetzen. Laß dir *vor* der Reise genügend Zeit, um dir über Themen in deinem Leben Gedanken zu machen, für die du erst jetzt bereit bist. In der Gegenwart von Anubis ist es ebenso möglich, Erinnerungen an Ereignisse hervorzurufen, die dem Zugriff deines bewußten Gedächtnisses entzogen sind. Entspanne dich und erlaube dir, so tief hineinzugehen, wie du es wünscht.

Um Anubis mit Hilfe des Kessels zu finden, wirst du dich mitten in der Nacht mit Thot treffen. Er zeigt dir die strahlenden Augen des Schakals, der sich im Schatten verbirgt. Sobald du diese Einweihung durchlaufen hast, kannst du Anubis als Wächter und Beschützer anrufen.

Anubis-Reise

(Führe die Alchemie des Kessels durch...)

Thot befindet sich zu deiner Linken. Anubis hockt still im Halbdunkel, seine Augen glühen, als er dich anschaut. Halte Augenkontakt mit ihm, während du deine Bereitschaft ausdrückst, dich mit den Inhalten deiner tiefsten Schattenseiten zu konfrontieren...

Er grüßt dich und schnüffelt vielleicht sogar an dir oder leckt dir die Hand, bevor er sich erhebt und wegrennt. Folge ihm. Er bewegt sich ziemlich schnell, also mußt du dich bemühen, mit ihm Schritt zu halten... Ihr kommt an einen Scheideweg. Anubis geht nach links und läuft noch schneller. Gib es auf, dich zu fragen warum. Denk nicht einmal darüber nach.

Sobald du dich nicht mehr wunderst, hält er an und fängt an zu scharren. Zuerst kratzt er nur die Erde auf, dann gräbt er ein tiefes Loch. Das Loch ist groß genug, um in die Unterwelt hinabzusteigen. Ihr geht durch einen Gang hinab in die Erde. Von der Decke und von den Wänden hängen Baumwurzeln herab. Folge Anubis, wenn er durch ein Labyrinth geheimer Tunnel läuft, tiefer und tiefer in die Erde hinein...

Schließlich wirst du in eine Kammer geführt, die ein Ort der Initiation für dich ist. Es ist sehr dunkel, so dunkel, daß aus dem tiefen Schwarz heraus Bilder und Farben hervortreten. Du kannst dich nun gefahrlos deiner inneren Verletzungen und Probleme annehmen, die deine Seele schwer belasten. Während diese Dinge sich dir klar zeigen, verstehst du immer besser, was du tun mußt, um eine Lösung herbeizuführen. Du kannst verschiedene Optionen gegeneinander abwägen, und deine intuitive Seite mit deinem pragmatischen Wesen zusammenbringen, während du dich mit den aufsteigenden Bildern auseinandersetzt. Anubis ist während der ganzen Reise an deiner Seite als dein Wächter und Beschützer... *(Lange Pause)*

Wenn du das Gefühl hast, du bist am Ende der Reise angekommen, wird Anubis dich dorthin geleiten, wo er am Anfang das Loch in die Erde gegraben hat...

Wenn du möchtest, kannst du ein Dankopfer darbringen und auf dem Pfad deinen eigenen Weg zurück zu Thot finden... Laß dir einen Moment Zeit, um dein Erlebnis mit ihm zu besprechen...

(Thot wird dich zurück in deinen Körper geleiten...)

SIEBENTER TEIL

Reisen zum Danken
und Feiern

*Du kannst im Tierreich sehr viel über dich selbst ler-
nen, denn Tiere verkörpern Eigenschaften, die wir
nur allzu häufig vergessen. Wir haben unseren Verwandten im Tierreich viel zu danken und können mit
ihnen gemeinsam den Reichtum, die Schönheit und
die reine Lebensfreude feiern*

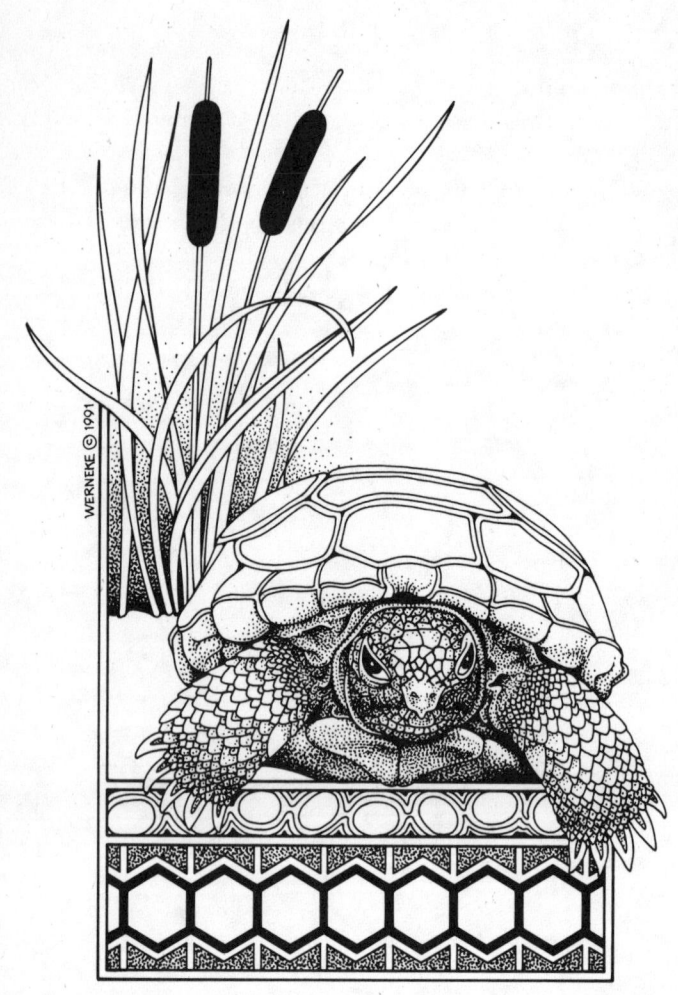

SCHILDKRÖTE

Dienen
Schenken

Die Schildkröte ist eines der ältesten Lebewesen auf unserem Planeten. Ihre Anfänge reichen zurück bis in die Zeit, in der die ersten Tiere aus dem Wasser ans Land kamen. In der Mythologie des Hinduismus gibt es das Abbild von vier Elefanten, die mit der Hinterseite aneinander stehen, in die vier Himmelsrichtungen schauen und die Welt auf ihren Schultern tragen. Sie stehen auf dem Rücken einer Schildkröte.

Die nordamerikanischen Indianer nannten ihren Kontinent die «Schildkröteninsel». Einige südamerikanische Dschungelvölker sehen in der Schildkröte das Symbol des ganzen Planeten, der «Insel im Himmel».

Die Schildkröte steht für die immerwährende Natur des Lebens und ihrer ständigen Erneuerung, sowohl planetarisch als auch was den einzelnen betrifft. Eine große Rolle spielen die Ausdauer und Toleranz der Schildkröte. Sie ist sehr nachgiebig, verständnisvoll und sanft, aber keineswegs naiv oder leichtgläubig. Sie hat es geschafft, über Jahrtausende hinweg dieselben Eigenschaften zu bewahren und sich an sämtliche irdischen Katastrophen und Evolutionsprozesse anzupassen. Sie sieht klar, hat ein tiefes, erdiges Verständnis für alles, was sich um sie herum abspielt. Die Schildkröte ist immer jugendlich, ohne jemals kindisch zu sein. Sie spendet Trost, ist mütterlich und fürsorglich, ein wahres Beispiel für Mitgefühl. Doch ihr größtes Geschenk ist ihr Dienst an zukünftigen Generationen, durch ihr eifriges Bemühen um die Fortsetzung der Ausbreitung des Lebens.

Diese Reise kam von Tawahana, dem großen roten Schildkrötengeist. Rot ist die Farbe von Fleisch und Blut unserer Mutter Erde. Es gibt eine symbolische Verbindung zwischen den roten Tränen, die

die Schildkröte auf dieser Reise vergießt, und allem Unbekannten, den Rätseln des Lebens, einschließlich der weiblichen Mysterien, die sich um die Menstruation ranken, dem Blut, das vom Körper für die Erzeugung von Nachkommen hervorgebracht wird. Alle Wesen kämpfen darum, neues Leben hervorzubringen, und die Schildkröten verkörpern besonderen Mut und die Kraft, denn ihre Fortpflanzung ist außergewöhnlich anstrengend. Sie vollführen ihr mühevolles Fortpflanzungsritual mit stoischem Gleichmut, frei von allen Erwartungen.

Der Atem der Schildkröte gestattet uns, in Berührung mit unserem ganzen Körper und seinen physikalischen Grenzen zu kommen. Er hilft uns, unsere Wahrnehmung über den Körper hinaus auszudehnen. Bevor du diese Reise unternimmst, solltest du die folgende Atemübung der Schildkröte praktizieren:

Atme durch die Nasenlöcher tief und voll ein, mit so viel Luft, wie du kannst, und fülle deinen Körper, als wärst du im Panzer einer Schildkröte gefangen. Atme, so schnell du kannst durch die Nase wieder aus.

Wenn du auf diese Weise einatmest, fühlst du auf der Vorder- und Hinterseite des Körpers einen Druck wie in einem Schildkrötenpanzer.

Schildkrötenreise

(Bereite dich vor, indem du dich bequem hinsetzt. Atme fünfmal nach Art der Schildkröte. Fahre fort mit der Alchemie ...)

Thot zeigt dir den Weg zum Ort der Schildkröte. Du gehst über das Land, bis du an eine kleine Lagune mit einer Vielzahl verschiedener Lebensformen kommst. Es gibt zahlreiche Gräser und Schilfarten, Wasserkäfer und andere Insekten. Achte auf die Sonne, die sich im Wasser der Lagune spiegelt. Du schaust ins Wasser und nimmst eine Bewegung wahr. Eine sehr große, rote Schildkröte kommt an die Oberfläche und winkt dir zu. Du steigst ins Wasser und folgst der Schildkröte, die in die Tiefe taucht ...

Fast am Grund der Lagune angekommen, hält sie an, und du steigst auf ihren Rücken. Ihr schwimmt eine Weile gemeinsam, und schließlich verschwindet deine eigene Gestalt, du wirst eins mit der Schildkröte... bekommst ein Gefühl für ihren Körper, ihre kleinen, mit Schwimmhäuten ausgestatteten Füße. Achte darauf, wie sicher du dich in dem Panzer fühlst, in dem Wissen, daß du dich jederzeit in ihn zurückziehen kannst.

Fühle dich als die Farbe Rot, die Farbe von Mutter Erde. Du fühlst eine tiefe Verbindung zur Erde und verstehst dich als das Symbol der «Schildkröteninsel».

Als Schildkröte sind deine Bewegungen sehr langsam, bewußt und genau. Du bist unvergänglich, niemals hast du es eilig, und niemals triffst du eine überstürzte Entscheidung. Wenn du Luft brauchst, paddelst du an die Oberfläche und schwimmst langsam ans Ufer...

Der Strand ist aus feinem weißem Sand. Du gehst für eine Weile an Land und spürst, wie warm der Sand ist. Finde einen besonders angenehm warmen Platz, an einer Stelle, wo du den ganzen Tag Sonne hast. Grab mit deinen Hinterbeinen ein Loch, das so tief ist, wie es nur irgend geht. Du machst das sehr sorgfältig und gräbst mit großem Mitgefühl, mit Liebe und Zärtlichkeit dieses Loch. Dein Herzchakra ist weit geöffnet. Wenn das Loch tief genug ist, hockst du dich hin und legst deine Eier hinein...

Wenn du damit fertig bist, sprichst du zum Schutz der Brut eine Zauberformel. Sanft und sorgfältig bedeckst du sie mit Sand. Dein Mitgefühl für deine Brut, die du niemals kennenlernen wirst, ist grenzenlos, unermeßlich. Du machst dir Sorgen um ihre Sicherheit und weißt, daß nur wenige von ihnen jemals das Erwachsenenalter erreichen werden.

Wenn alles gut bedeckt ist, gehst du noch einmal über das Nest hinweg und glättest mit deinem Vorderfuß den Sand, damit es nicht mehr sichtbar ist, daß dort ein Loch gegraben wurde. Sammle ein paar Zweige oder etwas Seetang und verteile es über deinem Nest als Tarnung.

Wenn alles getan ist, gehst du langsam über den Strand zum Wasser. Rote Tränen rollen aus deinen Augen und hinterlassen rote Flecken im Sand.

Geh zurück ins Wasser, tauche tief ein und ruhe ein wenig am Grund. Dein Körper trennt sich von der Schildkröte. Klettere wieder von ihrem Rücken herunter und schwimme um sie herum, so daß du ihr gegenüberstehst und ihr tief in die Augen schauen kannst, ganz lange.

Vielleicht hat sie eine Botschaft für dich, die zu diesem Zeitpunkt eine ganz bestimmte Lehre enthält... *(Lange Pause)*

Nun könntest du ihr ein angemessenes Geschenk machen...

Wenn dein Austausch mit der Schildkröte abgeschlossen ist, wird sie eine Weile neben dir herschwimmen und dich in der Lagune an die Stelle führen, an der du ins Wasser gestiegen bist. Folge dem Pfad bis dorthin, wo Thot auf dich wartet.

Bleibe eine Weile bei ihm...

(Thot wird dich zurück in deinen Körper geleiten...)

BIBER

Verantwortung
Fleiß

Der Biber war für die Eingeborenen auf dem gesamten nordamerikanischen Kontinent immer eine wichtige Nahrungsquelle. Nachdem jedoch die Weißen kamen, trat das Fallenstellen wegen des Biberpelzes für das Einkommen vieler Stämme in den Vordergrund. Subarktische Indianerstämme, die ihre nomadische Lebensart aufgaben, um sich in Dörfern niederzulassen, wurden abhängig von europäischen Handelswaren. Das übermäßige Fallenstellen führte zu einer allmählichen Ausrottung der Biber bereits im frühen neunzehnten Jahrhundert, wodurch die unglücklichen Biberpelzhändler verarmten und verelendeten. Krankheiten und Alkoholismus grassierten unter ihnen, und ihr Überleben war genauso gefährdet wie das des Bibers, dem sie nachstellten. Im pazifischen Nordwesten jagten einige Stämme den Biber auch wegen seiner Moschusdrüse, die als Aphrodisiakum und Liebeszauber Verwendung fand.

Biber spielten für die Ökologie des Landes und der Gewässer des gesamten nordamerikanischen Kontinents über Hunderte von Jahren eine große Rolle, indem sie die Wälder sauberhielten und Dämme errichteten. Heutzutage hält man sie gewöhnlich für Schädlinge, insbesondere in der Forstwirtschaft.

Im goldenen Kessel bringt die Reise mit dem Biber Hilfe für die schöpferische Auseinandersetzung mit den Pflichten des täglichen Lebens. Er kann uns helfen, in unserem Tun produktiver und fleißiger zu werden. Der Biber tut, was getan werden muß, ohne Energie durch Vertrödeln von Zeit zu verlieren. Er verleiht selbst den einfachsten Aufgaben noch eine schöpferische Komponente und nutzt seine Instinkte, um diese Aufgaben auf die effektivste Weise zu verrichten, denn er ist äußerst fleißig und liebt die Arbeit.

WERNEKE © 1991

Vom Biber können wir etwas über harmonische Teamarbeit lernen, denn bei der Entwicklung seiner Bauwerke ist jede Hilfe gleichwertig, und jede Handlung erfüllt eine notwendige Funktion. In einer Bibergesellschaft ist jeder einzelne ein Künstler und ein Designer. Der Biber ist ein lebendiges Beispiel für die Spruchweisheit des Zen: «Vor der Erleuchtung: Holz hacken und Wasser tragen. Nach der Erleuchtung: Holz hacken und Wasser tragen.»

Biberreise

(Führe die Alchemie des Kessels durch...)

Direkt neben Thot steht ein Biber. Der Biber ist klein. Er sitzt auf seinen Hinterläufen und balanciert mit seinem flachen breiten Schwanz. Er kaut heftig. «Komm, folge mir», lockt er dich. Der Biber stellt sich auf alle vier Beine und begibt sich zur Rechten Thots, in ein Dickicht, wo gerade einige junge Ahornbäume gefällt wurden. Die gefällten Bäume sind nicht sehr dick. Du kannst sehen, wie sie mit den scharfen Biberzähnen durchgenagt wurden.

Der Biber klettert auf deine Schultern, ruht mit seinem Kopf auf deinem Kopf und legt dir seine kleinen kalten Füße über die Augen. Erst fühlt er sich an wie eine Kapuze, dann wie ein Mantel und schließlich fühlst du, wie du selbst einen Biberschwanz hast. Du teilst mit ihm einen Körper. Seine Gedanken gehen durch deinen Kopf. Setz dich auf die Hinterläufe und fühle, wie dein Schwanz dein Gleichgewicht hält. Du fühlst dich sicher. Der Schwanz ist nicht schwer, sondern leicht und beweglich.

Laß dich auf alle vier Pfoten nieder und geh auf den Fluß zu. Schau dir die Bäume aus der Perspektive des Bibers an, einer der Bäume ist perfekt für den Damm, den er gerade baut. Spüre, wie es ist, wenn du das Holz mit deinen großen, scharfen Zähnen benagst. Wenn der Baum umgefallen ist, befreist du ihn von seinen Ästen und suchst das Holz aus, das du jetzt zum Dammbau brauchst. Zieh es heraus und schlepp es ins Wasser.

Der Biberkörper fühlt sich ganz leicht im Wasser an. Er hat, ebenso wie das Stück Holz, genügend Auftrieb. Es ist mit keinerlei Anstrengung verbunden, das Holz zu transportieren. Du verstehst plötzlich, daß es mit der Verantwortung genauso ist wie mit dem Stück Holz: Wenn du merkst, wie leicht sie treibt, ist sie keine Last mehr.

Deine Instinkte zeigen dir die richtige Stelle, um das Holz in den Damm einzufügen. Achte immer auf deine Instinkte. Übe dich darin, vom Fluß zum Ufer zu gehen, Holz zu sammeln und es in den Damm einzufügen. Jedesmal sammelst du ein Stück von einer anderen Größe, und jedesmal findest du eine Stelle, an die es gehört, an die es genau paßt. Tu das mindestens dreimal... *(Lange Pause)*

Wenn du fertig bist, ist es Zeit, unter den Damm in die Höhle des Bibers zu gehen. Der Zugang ist unter der Wasseroberfläche, aber der Innenraum darüber. Sobald du in der Höhle bist, bist du ein Teil der Gemeinschaft. Es gibt mehrere erwachsene und einige junge Biber, die sich die Nahrung teilen und gegenseitig wärmen. Während deiner Kommunikation mit diesen Bibern lernst du etwas über die Verantwortung in deinem Leben... *(Pause)*

Wenn du das Gefühl hast, deine Erfahrung ist vollständig, denk an Thot. Während dein leichter Körper sich aus dem Kopf des Bibers hinausbewegt, danke ihm dafür, daß er seine Welt mit dir geteilt hat. Er bedankt sich für dein Kommen. Ein angemessenes Geschenk für den Biber ist deine Bereitwilligkeit, seine Welt zu erleben, damit er mitteilen kann, was er mitzuteilen hat – seine einzigartige Lebensperspektive.

Besprich das Erlebnis mit Thot...

(Thot wird dich in dein gewöhnliches Bewußtsein zurückgeleiten...)

RABE

Rückgewinn der Kindheit

Rabengeschichten sind in der Mythologie der Indianer Nordwest-
amerikas sehr verbreitet, ebenso wie in der keltischen, der chinesischen und der japanischen Kultur. Der Rabe ist sehr trickreich.
Seine Überlegenheit ist seine Schlauheit. Er ist sehr manipulativ
und beredt, und häufig schafft er es, daß die anderen seine Arbeit für
ihn tun. Oft wird er auch als Vielfraß porträtiert, der so viel frißt, bis
ihm übel wird. In vielen Indianergeschichten erscheint der Rabe als
Geselle des Kojoten bei seinen Mißgeschicken und wird oft, ebenso
wie der Kojote, zum Opfer seiner eigenen Streiche. Raben sind hervorragende Taschendiebe. Sie lieben alles, was glänzt. In jedem Ra-
bennest wird man reichlich davon finden.

In vielen Traditionen gilt der Rabe auch als Symbol für Zauberei
und Magie. Europäische Zauberer ebenso wie japanische Schamanen nahmen die Gestalt eines Raben an. Er illustriert die dunklen
Mächte der Nacht, den Schatten des schwarzen Vogels mit ausgebreiteten Flügeln. Der Rabe ist der Botschafter von der anderen
Seite. Er kann in die Leere fliegen und wieder zurück, Botschaften
und Heilung zwischen den Welten austauschen. Ihn zu sehen kann
ein Omen für bevorstehenden Wandel sein.

Der Rabe warnt auch vor Gefahr. Er weckt die Tiere des Waldes,
wenn Eindringlinge nahen, und warnt sie, wer kommt und was er
will, besonders wenn es sich um Menschen handelt. Die Indianer
des amerikanischen Nordwestens machten gern den Schrei des Raben nach, um sich gegenseitig zu warnen, wenn feindliche Stämme
oder weiße Eindringlinge in der Nähe waren.

Als Verbündeter ist der Rabe besonders heilend für alle Menschen, die eine schwierige Kindheit hatten. Er ist in der Lage, an die
dunklen Plätze zu gehen, an denen Angst und Verspannung lauern,
sie aufzubrechen und zu helfen, sie loszuwerden. Er kann die verbor-

genen Stellen körperlichen und emotionalen Mißbrauchs aufdekken und die Dinge ins rechte Licht rücken, um den Weg für eine Heilung freizumachen. Der Rabe hilft den Menschen, die Freude wiederzuerlangen, die sie einst besaßen oder die ihnen zeitlebens entgangen ist.

Der Rabe ist auch sehr spontan und hat die kindliche Fähigkeit, allem, was er will, auf sehr direkte Weise nachzugehen, sei es ein glitzernder Edelstein oder eine Sicherheitsnadel. Zwänge und Verbote gibt es für ihn nicht. Er hilft dabei, die speziellen Qualitäten eines kindlichen Gemüts wiederzuerlangen. Für all jene, die es geschafft haben, die positiven Eigenschaften ihrer Kindheit zu bewahren, ist diese Reise eine Gelegenheit, dies zu feiern. Begeben wir uns in die spitzbübische Natur des Raben und freuen wir uns daran!

Vorbereitung

Diese Reise ist ziemlich komplex, aber der Mühe wert. Es ist notwendig, daß man sich besonders auf sie vorbereitet. Visualisiere vier Aspekte deiner Kindheit, die dir sehr wichtig waren. Dabei ist es nicht entscheidend, ob du die Dinge wirklich besessen hast oder nicht. Gib dir besondere Mühe bei der Auswahl der Dinge, die für dich besonderen Wert hatten.

Verwandle jeden dieser Aspekte in ein Spielzeug, irgendeinen Gegenstand, der deinen kindlichen Wunsch symbolisiert. Wenn du beispielsweise gern ein Glückspilz gewesen wärst, wähle einen Pilz, oder wenn du gern eine Sportskanone geworden wärst, nimm einen Pokal oder eine Medaille. Vielleicht wärst du gern Klassenbester geworden, dann stell dir ein Zeugnis mit lauter Einsern vor.

Als nächstes nimmst du die vier Gegenstände und räumst ihnen einen besonderen Platz in deinem Leben ein, dort, wo sie deiner Meinung nach hingehören. Du kannst die Medaille an die Wand hängen und den Glückspilz auf den Nachttisch stellen. Du kannst das in einer Meditation visualisieren oder auch wirklich tun, wenn dir das besser erscheint.

Such dir vorher ein Versteck, in dem du deine «Beute» unterbringen kannst.

Rabenreise

(Wenn alles in Gedanken – oder, wenn du willst, in Wirklichkeit – vorbereitet ist, gehst du durch die Alchemie des goldenen Kessels...)

Thot wird mit dir durch ein Tor in das dunkle Reich des Raben gehen. Während du eintrittst, werden deine Arme zu Flügeln, und du bekommst das Gefühl, selbst dunkel, schwarz und nervös zu werden. Du fühlst dich sonderbar verspielt und extrem spitzbübisch – so aufgedreht, daß du ununterbrochen tanzen könntest, wenn du nicht gerade fliegst. Du kannst nicht stillsitzen.

Fliege an die Stelle, wo die Symbole deiner Errungenschaften aufgestellt sind. Fühle, wie du immer aufgeregter wirst, während du diese öffentlich zur Schau gestellten Schätze anschaust. Du kannst es nicht ertragen, daß sie so herumliegen, und willst sie alle für dich selbst haben, an einem Ort, wo sie niemand anders haben kann. Sie sind so kostbar für dich, daß du am liebsten niemanden wissen lassen würdest, daß du sie mitnehmen wirst. Warte, bis du sicher bist, daß niemand dich sieht... *(Pause)*

Jetzt beeile dich. Schnapp dir einen der begehrten Gegenstände, und sobald du ihn hast, fliegst du an dein geheimstes Versteck in deinem jetzigen Leben, an den Ort, den du dir ausgedacht hast, und versteckst deinen Schatz...

Komm erst wieder aus deinem Versteck heraus, wenn du weißt, daß niemand dich sehen wird. Jetzt mach dich auf und hol auch noch die anderen drei, jedes für sich, bis alle Symbole sicher in deinem Versteck sind... *(Lange Pause)*

Wenn du alle vier symbolischen Gegenstände in dein geheimes Versteck gebracht hast, kannst du sie schön für dich arrangieren und vor Freude um sie herumtanzen. Dieser Tanz ist dein Dankeschön für die Reise. Du kannst tatsächlich tanzen, oder nur in deiner Phantasie...

Tanze, bis du nicht mehr kannst, und fliege dann zurück zu Thot... Erzähle ihm von deinem Erlebnis...

(Thot wird dich zurückgeleiten...)

WERNEKE © 1991

FELDMAUS
Bescheidenheit

Von der Winzigkeit und Bescheidenheit der Feldmaus können wir
Menschen allerhand lernen. Feldmäuse haben eine völlig andere
Verbindung zur Erde als wir, und es ist nicht leicht für uns, sie zu
verstehen. Ein Großteil ihrer Welt liegt zwischen den kleinen Ab-
drücken ihrer Pfoten, die wir sehen können, wenn wir in Wald und
Feld einmal ganz genau auf die Erde schauen. Wenn du diese Reise
unternimmst, bekommst du ein Gefühl dafür und lernst es zu schätzen, wenn man ganz klein ist.

Die Feldmaus ist ein winziges Geschöpf, das von Eulen und vielen
anderen Raubvögeln und Tieren gejagt wird. Sie ist ständig fremden
Mächten unterworfen, die sich ihrer Kontrolle entziehen. Sie weiß
die Erde zu schätzen und ist sich bewußt, daß sie wegen ihrer Klein-
heit ständig von größeren Wesen aus dem Leben gerissen werden
kann. Die Feldmaus lebt in Dankbarkeit auf der Erde, in dem Wissen, daß ihr Leben jederzeit ein jähes Ende nehmen kann.

Wenn möglich, ist es am besten, diese Reise im Wald, auf einem
freien Feld oder auch in einem Park zu unternehmen. Am besten
wäre ein großer, naturnaher Park, aber auch ein einfacher Hinterhof ist gut. Wer nicht ins Freie gehen kann, sollte sich eine CD oder
eine Kassette mit Vogelstimmen auflegen und ein Bild von einem
Feld besorgen – vielleicht sogar eine Schüssel mit Erde, um die
Hände hineinzulegen. Die Kombination des Bildes mit den Vogelstimmen, dem Gefühl der Erde und deiner Phantasie wird ausreichen. Wenn du Angst vor Insekten hast, denk daran, daß sie vor dir
noch mehr Angst haben, weil du in der Lage bist, ihnen viel mehr
anzutun als sie dir. Wenn du willst, nimm eine Lupe zur Hand, aber
achte darauf, daß du das Tierchen nicht durch die Hitze des konzen-
trierten Sonnenlicht umbringst, selbst wenn es nur ein kleines In-
sekt ist.

Es ist wichtig für uns Menschen, die Kostbarkeit einfacher, kleiner Dinge zu erkennen. Wir neigen dazu, anspruchsvoll zu sein und immer das Größte und Beste für uns zu wollen, selbst wenn es um spirituelle Dinge geht, und unserer Umwelt unseren Willen aufzuzwingen. Feldmäuse haben in ihrem Leben einen großen Reichtum, der allein von ihrem Leben in Harmonie mit den Elementen herrührt. Sie sind von einer besonderen Sanftheit und Nachgiebigkeit und finden ihre Kraft, indem sie sich fügen. Feldmäuse machen Gebrauch von ganz einfachen Dingen, um sich ein schlichtes Zuhause zu bauen. Trotzdem erfahren sie die Liebe der Erde auf Ebenen, die uns unser kompliziertes Leben nur selten erreichen läßt.

Dies ist eine Reise mit wenig Worten.

Feldmausreise

(Bring sehr viel Ruhe und Geduld mit. Leg dich auf einer Wiese auf den Bauch. Laß deinen Kopf tief ins Gras sinken. Wenn dein Kinn auf der Erde ruht und das Gras auf Augenhöhe ist, führst du die Alchemie des goldenen Kessels durch und trittst in die Welt der Feldmaus ein...)

Auf dieser Ebene gibt es eine Umwelt, die genauso vollständig und einzigartig ist wie deine. Achte auf die Insekten, das pulsierende Leben in der Erde. Wenn du so nahe an der Haut von Mutter Erde lebst, wird dir bewußt, wie abhängig wir von ihr und ihren Gaben sind.

Breite deine Arme aus und umarme die Erde. Leg dein Kinn auf die Erde und bleibe solange in dieser Haltung, wie es dein Körper dir erlaubt. Stell dir vor, du bist eine Maus, die hier unten lebt. Du wirst dich sehr klein fühlen, und deine Nase fängt an zu zucken, wenn du den Duft deiner Umgebung einsaugst...

Erweitere deine Wahrnehmung nach allen Richtungen. Fühle dich als Teil dieser Dimension. Wenn du wirklich bescheiden wirst und diesen Bereich konzentriert und mit liebendem Herzen beobachtest, wirst du einen Einblick und eine Verbundenheit bekommen, die dich sehr bereichern werden. Du wirst die Erde nie wieder so sehen wie vorher.

Du liegst mit ausgebreiteten Armen auf dem Bauch im Feld oder im Wald – vielleicht sogar nur in deinem Hinterhof. Öffne dein Herz und fühle das Leben des Planeten, der unter deinem Körper liegt. Allein das ist schon ein Wunder. Laß die Freude in dich ein, die damit verbunden ist, die Erde zu umarmen, das Gras zu riechen, die Luft und die Sonne zu spüren. Diese einfache Erfahrung sollte ausreichen, um dich glücklich und froh zu machen.

(Thot wird dich zurück in deinen Körper geleiten...)

WERNEKE © 1991

PFAU

Magie
Freundlichkeit
Großzügigkeit

Der Pfau ist ein etwas umstrittener Totem. In einigen Kulturen sollen seine Federn Unglück bringen, insbesondere im Glücksspiel, während andere in dem kostbaren Gefieder das allessehende Auge entdecken, das für großes Glück und Macht steht. Pfauenfedern werden bei einigen Hindus und Mohammedanern verwendet, um böse Geister abzuwehren. Der Pfau ist der Nationalvogel Indiens, und der Thron des persischen Schahs wurde der «Pfauenthron» genannt.

Der Pfau besitzt uraltes Wissen über Magie und kann Energien so einsetzen, daß aus ihnen alles entsteht, was er sich wünscht. Weil er nur wenige Wünsche hat, kann er das Beste aus seiner Zeit hier auf Erden machen und eine großartige, luxuriöse Umgebung schaffen, in der er sich präsentiert. Er ist unbeschwert im Umgang mit seiner Umwelt und freut sich über das, was er geschaffen hat.

Der Pfau ist sehr verspielt – ein Hedonist. Aber das stört ihn nicht. Selbstkritik oder Selbstverachtung kennt er nicht. Er akzeptiert einfach seine Fähigkeit, das Leben zu genießen und auszukosten. Über unsere Urteile würde er nur lachen, denn er freut sich einfach des Lebens, ohne daß er sich vom Großen Geist entfernt.

Der Pfau ist ein großer und eleganter Vogel. Er weiß, daß er auf der irdischen Ebene in einem Körper lebt, und muß sich einfach aller seiner Fähigkeiten erfreuen, um seine lustbetonte Natur auszuleben. Er hat die Fähigkeit, alles leicht und mit viel Humor zu nehmen. Er ist der vollkommene König, liebevoll und herrschaftlich. Obwohl er von wunderschöner Gestalt ist, hängt er nicht an seinem Äußeren. In einem Körper zu stecken ist für ihn dasselbe, wie eine Maske zu tragen. Wenn wir erst einmal gelernt haben, unsere Maske willentlich an- und wieder abzulegen, können wir in unserem Körper mit einem neuen Gefühl der Freiheit spielen.

Vom Pfau können wir viel darüber lernen, wie man Dinge mit Humor betrachtet, mit jener Art von Humor, die uns davor schützt, unsere Macht zu mißbrauchen. Es ist eine große Gabe, in der Lage zu sein, aus nichts etwas zu machen. Wie alle Gaben sollte man sie mit Dankbarkeit und Freude annehmen. Es ist etwas unglaublich Großzügiges in diesem Wesen.

Für einige Menschen ist diese Reise einfach dazu da, die Gegenwart des Pfaus zu genießen und Zugang zu der erstaunlichen Fähigkeit zu erhalten, sich zu verwirklichen, ohne sich innerlich zu binden oder falschen Stolz zu entwickeln. Wahrer Stolz kommt aus tief empfundener Großzügigkeit. Der Pfau kann deine eigene Großzügigkeit widerspiegeln und dir zeigen, wie du Geschenke annehmen kannst und sie nicht zur Beeinflussung anderer mißbrauchst. Die Majestät des Pfaus kann sehr pompös erscheinen, je nach der Perspektive des Betrachters. Wenn du dich ihm voller Bewunderung und Neid näherst, wirst du eine völlig andere Lektion lernen, denn er wird deinen Neid und deinen Stolz reflektieren.

Diese Erfahrung dreht sich auch um Pracht und Herrlichkeit. Laß dich auf das Erlebnis des glanzvollen Pfaus ein, um seine Fähigkeit zu verstehen, sich umgeben von wunderschöner, verführerischer Pracht selbst zu verwirklichen.

Pfauenreise

(Führe die Alchemie durch...)

Wenn du aus der Alchemie in die Gegenwart Thots kommst, wird deine Aufmerksamkeit auf ein Trommeln gelenkt, eine rhythmische Schwingung, auf die man sich einlassen muß, um in Resonanz mit dem Pfau zu kommen. Es fühlt sich etwa so an wie ein Ohrensummen. Wenn du dich auf diese Schwingung einläßt, durchbrichst du die Barrieren von Zeit und Raum und stimmst dich in die Frequenzen ein, in denen sich die schöpferischen Eigenschaften des Pfaus verwirklichen können. Das Trommeln dauert an und wird während der gesamten Reise mehr oder weniger deutlich zu hören sein.

Thot weist den Weg, und du kommst zu einer weiten grünen Wiese, auf der in der Ferne eine Pagode aufragt. Du kannst an der Luft spüren, daß du dich in großer Höhe befindest. Kiefern, dünne, klirrende Luft und ein klarer blauer Himmel dominieren die Szene. Die Pagode hat ein goldenes Dach, und ihr Inneres erinnert an einen Alkoven mit Baldachin. Goldene Kugeln krönen die Eckpfosten, und auf beiden Seiten laden breite Treppen zum Eingang. Auf der umliegenden Wiese spazieren Pfauen umher.

Du kommst der Pagode immer näher und siehst Berge von bestickten Kissen mit reichen goldenen Bordüren. Der Boden ist bedeckt von kostbaren Teppichen aus feinster persischer Seide. Schalen mit Wasser und Räucherwerk, Opfergaben von Getreide und Blumen schmücken den Innenraum. In der Mitte der Kissen, auf seinem länglichen Tempelthron, sitzt ein prächtiger Pfau.

Geh näher heran. Du steigst die Treppen hinauf und hast den Impuls, dich vor diesem vornehmen Vogel zu verneigen. Er bittet dich, näherzukommen und an seiner Seite Platz zu nehmen. Du setzt dich neben ihn und bewunderst sein Gefieder, seinen langen, seidigen Hals und die schillernde Krone auf seinem Kopf. Du kannst seine Krallen nicht sehen, da er sie unter sich verbirgt. Dieser Pfau fühlt sich offensichtlich wohl in seiner Schönheit, seiner königlichen Erscheinung und seinem Stolz. Er ist glücklich, daß du da bist, um die glanzvolle Umgebung seines Lebensraums zu würdigen. Er möchte dich in dieses Gefühl einhüllen, damit auch du diese Eleganz, dieses Wohlbefinden und diese königliche Haltung erfahren kannst.

Achte auf das spezielle Gefühl, das hier vorherrscht: Der Pfau braucht niemanden auszuschließen. Er bietet dir etwas zu Essen an: getrocknete Aprikosen, Kokosnuß und Kerne. Niemand hat sie gebracht; sie sind einfach erschienen.

Folge dem Blick des Pfaus, der sich in seiner gepflegten Umgebung umschaut. Der üppige grüne Rasenteppich erstreckt sich in alle Richtungen, voll überreicher Schönheit, Symmetrie und Anmut. Er fühlt sich uralt an, als ob er schon seit langer, langer Zeit hier zu finden ist.

Der Pfau kann Wunder vollbringen und Dinge aus der Luft holen. Er überreicht dir ein Geschenk, das er aus dem Nichts manifestiert hat, und gibt dir eine Belehrung, die du genau zu diesem Zeitpunkt brauchst.

Der Pfau ist froh, wenn er etwas geben kann, und ein Dankeschön ist seine schönste Belohnung. Du brauchst ihn nicht zu bewundern – da zu sein und seine Freude zu teilen ist genug. Wenn die Zeit gekommen ist, verläßt du die Pagode und gehst über die Wiese, wo du auf Thot triffst. Sprich mit ihm über dein Erlebnis...

(Thot wird dich zurückbegleiten...)

Ehrerbietung
Vorfahren

Für die Indianer des Mittleren Westens war der Büffel lebensnotwendig. Er lieferte Nahrung, Kleidung, Behausung und Werkzeug. Ein weißer Büffel war eine große Seltenheit, und einen zu sehen galt als ungewöhnliches und vielversprechendes Omen, ein kostbares Geschenk der Götter. Als die Büffel ausgerottet wurden, verloren die Indianer ihre Lebensgrundlage.

Die weiße Büffelfrau wird in Nordamerika, insbesondere von den Prärieindianern, als eine Göttin verehrt, welche den Menschen die Heilige Pfeife brachte. Der Legende nach war es ein besonders strenger Winter, als zwei Fährtensucher sich auf die Suche nach Nahrung für den Stamm der Lakota Sioux begaben. Eine Frau kam aus der Wildnis auf sie zu, und einer der Männer schaute sie voller Begehrlichkeit an, sogar gegen die Einwände des anderen Fährtensuchers, der sie als *wacan*, als «heilige» Frau, erkannt hatte. Als der erste Mann zu seinem Freund über seine Absichten sprach, lud sie ihn ein, näherzukommen. Als er das tat, wurden beide in eine Staub- oder Rauchwolke eingehüllt. Als die Luft sich wieder klärte, befand sich zu Füßen der Frau ein Haufen Knochen und Schlangen, die an ihnen nagten. Sie sprach zu dem übriggebliebenen Fährtensucher und schickte ihn zurück zu seinem Dorf, um Vorbereitungen für ihre Ankunft zu treffen. Denn sie wollte am nächsten Tag dorthin kommen mit Geschenken für die Menschen. Die Dorfbewohner sollten ein großes Tipi auf heilige Weise vorbereiten.

Am nächsten Tag kam die Frau an und wurde von dem Stamm begrüßt. Sie trug ein Bündel, in dem sich die erste heilige Pfeife befand. Sie erzählte den Menschen, daß sie an Stärke und Reichtum zunehmen würden, wenn sie immer gemäß ihren Anweisungen die Pfeife rauchten und die Zeremonien befolgten, die sie während

WERNEKE © 1991

ihres Aufenthaltes die Dorfbewohner lehren würde. Wenn nicht, dann würden sie schwach werden und verkümmern.

Die Pfeife wurde ihnen als ein Mittel gegeben, um den Großen Geist zu erreichen und zu beten. Unter anderem hat sie die Funktion eines Vermittlers. Als ihr Besuch zu Ende war und sie den Menschen ihre Lehre und ihre Geschenke hinterlassen hatte, verließ sie den Kreis. Sie ging aus dem Dorf hinaus und verwandelte sich in ein weißes Büffelkalb. Seither wird die erste Pfeife die «Weiße Büffelpfeife» genannt, und ihre Überbringerin ist als «Weiße Büffelfrau» bekannt. Diese Überlieferung steht im Mittelpunkt der Mythologie der South-Lakota-Indianer und anderer Stämme der Nation der Sioux und wird bis auf den heutigen Tag in South Dakota hochgeehrt und heilig gehalten.

Die weiße Büffelfrau ist eine wichtige Göttin für jeden, der einen Pfad der Harmonie im Großen Mysteriums sucht. Sie lehrt uns vieles über ein ehrfürchtiges und heiliges Leben. Darüber hinaus erhält man durch sie ein Gefühl der weiblichen Kraft, die Kraft der Mutter. Die entsprechende Göttin in Ägypten ist Hathor, die alles nährende Kuh, die Muttergöttin, welche Überfluß für alle Menschen schafft. In Indien ist die Kuh ebenfalls heilig.

Die folgende Reise kam auf magische Weise in den goldenen Kessel, als direkte Folge der Vermittlung der Lehren. Das Schenken scheint die Essenz dieses wundervollen und mächtigen Wesens zu sein. Schenken kommt vom Herzen. Das Ritual des Schenkens wird seit langer Zeit von vielen Stämmen praktiziert, um jemanden zu ehren oder ihm zu danken. Man kann etwas Beliebiges schenken – oder alles. Es kann ein Stück Fleisch sein, ein Symbol oder auch eine große Lehre, die das ganze Leben verändert. Unter bestimmten Umständen kann es erforderlich sein, daß ein Mensch alles, was er besitzt, verschenkt.

Die weiße Büffelfrau kann mit dir am Thema Selbstverwirklichung arbeiten und dir helfen, Blockaden und Barrieren zu überwinden, die dich von der Fülle und Freude, die sie repräsentiert, abhalten. Du kannst sie auch über Familie und Gemeinschaft befragen. Sie kann entweder als Büffel oder als Frau erscheinen oder beides. Ich schätze diese Reise sehr und möchte sie hiermit weiter-verschenken.

Diese Reise kann durch schamanistisches Trommeln verstärkt werden. Wenn du eine Trommel oder auch nur einen Tonträger mit schamanistischen Trommeln besitzt, dann setze diesen beständigen Rhythmus als geeigneten Hintergrund für die Reise ein.

Weiße Büffelreise

(Führe die Alchemie des goldenen Kessels durch...)

Thot zeigt dir ein weites, flaches Land. Der Wind bläst von Norden, und so weit du sehen kannst, wiegen sich Gräser im Wind. Du machst dich vertraut mit der Stimmung der Prärie und ihrer sich ausbreitenden Schwingung. Da merkst du, daß du von Büffeln umringt bist. Du stehst inmitten einer Herde. Einige Tiere wandern umher, andere grasen. Stimme dich in den Geist des Büffels ein und fang an, in Resonanz mit seiner Essenz zu kommen, bis du merkst, daß du dich selbst in einen Büffel verwandelst. Du fühlst seinen massiven Schädel vor deinem eigenen. Während du merkst, wie du zum Büffel wirst, stampfst du mit den Hufen auf und wedelst mit dem Schwanz...

Schnaube mit den Nüstern und atme fünfmal tief mit dem Atem eines Büffels durch – mit viel Kraft durch die Nase ein, bereit zum Kampf. Beim letzten Ausatmen galoppierst du über die weite Prärie, polterst mit den Hufen über die trockene Erde, donnerst über die weitläufige Ebene...

Du kommst an eine Stelle, an der einige Felsen aufragen, aber du kannst nicht sehen, was sich auf der anderen Seite befindet. Du springst über den Felsen... und die Erde verschwindet: Du bist über eine Klippe gesprungen! Du verlierst dich im freien Fall und hast das Gefühl, die Wirklichkeit ist dir unter den Füßen weggezogen worden. Spüre den Schrecken des Fallens. Es ist, als hätte man dir deinen freien Willen genommen. Du fällst in den Tod deiner alten Verhaltensweisen, eine Bruchlandung auf Berge von Knochen deiner unzähligen Vorfahren am Grund der Klippe... Eine Lehre von deinen Vorfahren liegt dort bereit für dich... *(Lange Pause)*

Wenn du dich erhebst, sind die Knochen verschwunden, die Klippen ebenfalls, und du fühlst einen tiefen Frieden. Du bist umgeben von Büffeln. Es herrscht hier gleichzeitig das Gefühl von Ewigkeit und Gemeinschaft. Achte darauf, wie es sich anfühlt, Teil der Büffel zu sein und dich mit ihnen zu bewegen. Es gibt das Gefühl, gemeinsam an einem großen Geist teilzuhaben. Es ist, als hätte diese andere Wirklichkeit sich über die große Prärie gelegt. Während dein Blick schärfer wird, wirst du dir deiner großen Kraft, Sanftheit und Stärke bewußt, und eine weiße Büffelkuh kommt auf dich zu. Du fühlst zugleich Ehrfurcht und Bewunderung. Grüße sie mit Respekt und nimm die Botschaft entgegen, die sie dir bringt. Es kann eine großartige Lehre oder ein lebendiges Symbol sein... *(Lange Pause)*

Im Geiste des Schenkens überreichst du der weißen Büffelkuh eine Opfergabe...

Wenn deine Zeit mit dem Weißen Büffel vollendet ist, entfernst du dich und gehst durch den Schleier, der dich von der großen Prärie getrennt hat, wo du wieder deine menschliche Gestalt annimmst. Thot wird da sein, um einen Moment mit dir dieses Erlebnis zu teilen...

(Thot wird dir helfen, durch deine Krone zurück in deinen Körper zu kommen. Achte darauf, dich in deinem Körper zu erden und deine Mitte zu finden...)

Nachwort

*Am Ende bleibt nichts als Dankbarkeit. Wir danken allen
unseren Verwandten aus dem Reich der Tiertotems*

WERNEKE © 1991

DER GARTEN

Dankbarkeit
Weitsicht

Der Garten ist gleichzeitig ein Ort der Erfüllung und Ausgangspunkt für die nächste Stufe deiner Entwicklung. Du kannst die Heiterkeit dieses Gartens benutzen, um dich selbst mit dem Frieden zu umgeben, der notwendig ist, um über die Grenzen deiner Hoffnungen und Träume hinauszusehen. Wenn du noch immer auf irgend etwas hoffst, wirst du nicht in der Lage sein, die Zukunft zu sehen. Solange deine Energie sich mit den Dingen auseinandersetzt, die du wünschst und von denen du glaubst, daß du sie nicht bekommst, bist du gefangen. Wenn du alles, was du wünscht, bekommen hast – es erlebst, es liebst und freudig entgegennimmst – was dann? Laß das Unbekannte das letzte Geschenk des goldenen Kessels sein. Dann kannst du von Zeit zu Zeit zurückkehren, um dein eigenes Wachstum und deine Wandlung zu erfahren sowie die bislang unvorstellbaren Möglichkeiten, die dich noch erwarten.

Diese Reise gibt dir die Gelegenheit, deine Beziehung zu den Totems, denen du in diesem Buch begegnet bist, zu bereichern. Sie bereitet einen Raum, in dem du dich mit deinen neugefundenen Freunden neu verbündest und ihre Gegenwart genießen kannst. Auf meiner eigenen Reise mit diesen und anderen Seelenfreunden habe ich spontane Verbindungen mit diesen Wesenheiten erlebt, die den einzigen Sinn hatten, Dankbarkeit zum Ausdruck zu bringen. Die Dankbarkeit und Freude, die ich darin spürte, haben zu einigen meiner tiefsten und bewegendsten Momente beigetragen.

Du brauchst, um in diesen Garten zu kommen, nicht zu warten, bis du jeden Teilnehmer des goldenen Kessels kennengelernt hast, denn diese Reise wird dir immer etwas bringen.

Gartenreise

(Führe die Alchemie des Kessels durch...)

Thot ist da. Er ist sehr froh, dich zu sehen, und bringt dich in einen üppigen, grünen Garten. Nimm dir einen Moment, um Thot besonders zu ehren, damit du ihm für die Führung durch die Reisen des goldenen Kessels danken kannst... *(Pause)*

Während du in den Garten eintrittst, kannst du die Weise Frau sehen, wie sie der Jahreszeit entsprechend einen Rosenstrauch pflegt. Auch sie freut sich, dich zu sehen. Vielleicht zeigt sie dir einige besondere Pflanzen oder Neuerwerbungen des Gartens. Die Liebe, welche die Weise Frau für dich empfindet, ist wie die Liebe, die sie für den Garten empfindet. Jetzt ist die Gelegenheit, ihr gegenüber deine Anerkennung und Liebe zum Ausdruck zu bringen... *(Pause)*

Es gibt viele Blumen, Büsche, medizinische Kräuter und Küchenkräuter sowie Obstbäume. Ständig wandelt der Garten sich und wächst. In seiner einzigartigen Anlage befindet sich ein Pfad der Selbsterkenntnis. Während du dich zwischen den Beeten und den üppig grünenden Pflanzen bewegst, schärfen sich deine Sinne.

Erfreu dich an den Düften, einschließlich des Geruchs der Erde, der Kräuter und Blumen. Hör auf die Töne der Insekten, Bienen und Kolibris...

Auf einem großzügig gestalteten Platz in der Mitte des Gartens ist eine Sitzgelegenheit für dich. Achte darauf, was alles um dich herum wächst...

Es dauert eine Weile, bis sich alle Tiere und anderen Verbündeten aus deinen Erlebnissen mit dem goldenen Kessel in der Mitte des Gartens versammelt haben. Dies ist eine besondere Zeit der Ehrerbietung und Dankbarkeit. Die meisten der Tiere werden ihren Respekt bezeugen und nach einer gewissen Zeit, die sie mit dir verbracht haben, wieder fortgehen. Einige werden noch eine Weile bleiben, möglicherweise weil sie dir mitteilen wollen, daß sie mit dir noch weiter arbeiten wollen... *(Lange Pause)*

Wenn Liebe und Dankbarkeit vollständig ausgetauscht sind und man sich voneinander verabschiedet hat, kannst du darüber nachdenken, was du dir als Nächstes in deinem Leben wünschst. Wähle einen Aspekt deines Lebens, der dir sehr wichtig ist, den du gern entwickeln würdest. Sei offen für die Entfaltung neuer Möglichkeiten und entscheide dich für deinen wahren Herzenswunsch, deine höchste Hoffnung für die Zukunft. Konzentriere dich darauf, wie es wäre, wenn du genau das bekämst, was du in deinem Leben gerne verwirklichen würdest und laß es Realität werden... Verweile bei diesem Gedanken in dem Garten. Stell dir vor, es sei bereits geschehen. Nimm an, daß es sich ereignet hat... Wie sieht die Welt um dich herum aus und wie fühlt sie sich an?...

Wenn du dich sehen kannst, wie du das, was du wünschst, verwirklicht hast, kann daraus etwas Neues entstehen. Akzeptiere daher, daß es so ist, und sieh, was dann als nächstes passiert. Nun kannst du einen Vorgeschmack davon bekommen, wie es in der Zukunft sein wird. Sei bereit für das Unerwartete... *(Pause)*

(Laß dir so lange Zeit, wie du brauchst. Du kennst den Weg zurück...)

transformation

«Und wenn der große Phönix frei fliegt, sieh genau hin, was er behutsam zwischen seinen Krallen trägt.» *No-Eyes*

Mary Summer Rain
Der Phönix erwacht *Weisheit und Visionen*
(rororo transformation 8558)

Spirit Song *Der Weg einer Medizinfrau*
(rororo transformation 8537)

Weltenwanderer *Der Pfad der heiligen Kraft*
(rororo transformation 8722)

Chögyam Trungpa
Das Buch vom meditativen Leben
(rororo transformation 8723)
Die Shambhala-Lehren vom Pfad des Kriegers zur Selbstverwirklichung im täglichen Leben.

Peter Orban/Ingrid Zinnel
Drehbuch des Lebens *Eine Einführung in die esoterische Astrologie*
(rororo transformation 8594)

Stephen Arroyo
Astrologie, Psychologie und die vier Elemente
(rororo transformation 8579)
Einer der führenden Astrologen Amerikas skizziert die Bedeutung der vier Elemente als archaische Kräfte für die Seele und weist auf die bislang ungenutzten Möglichkeiten hin, astrologisches Wissen in der Psychotherapie einzusetzen.

Lynn Andrews
Die Medizinfrau *Der Einweihungsweg einer weißen Schamanin*
(rororo transformation 8094)

Mary Summer Rain
Der Phönix erwacht

Paul Hawken
Der Zauber von Findhorn *Ein Bericht*
(rororo transformation 7953)
Ein Erlebnisbericht aus der berühmten New Age-Community.

Janwillem van de Wetering
Ein Blick ins Nichts *Erfahrungen in einer amerikanischen Zen-Gemeinde*
(rororo transformation 7936)

Margaret Frings Keyes
Transformiere deinen Schatten
Die Psychologie des Enneagramms
(rororo transformation 9165)
Ein praktisches Buch, das die tiefe Weisheit des Enneagramms für jeden zugänglich macht.

Das gesamte Programm der Taschenbuchreihe «transformation» finden Sie in der Rowohlt Revue. Jedes Vierteljahr neu. Kostenlos in Ihrer Buchhandlung.

rororo sachbuch

transformation

«Ein spirituelles Leben zu führen heißt, dem Ewigen zu gestatten, sich durch uns in den gegenwärtigen Augenblick hinein auszudrücken.»
Reshad Feild

Stanislav Grof
Geburt, Tod und Transzendenz
Neue Dimensionen in der Psychologie
(rororo transformation 8764)
Eine Bestandsaufnahme aus drei Jahrzehnten Forschung über außergewöhnliche Bewußtseinszustände.

Ken Wilber
Das Spektrum des Bewußtsein
Eine Synthese östlicher und westlicher Psychologie
(rororo transformation 8593)
«Ken Wilber ist einer der differenziertesten Vordenker und Wegbereiter des Wertewandels in Wissenschaft und Gesellschaft.»
Psychologie heute

Gary Zukav
Die tanzenden Wu Li Meister
(rororo transformation 7910)
Der östliche Pfad zum Verständnis der modernen Physik: vom Quantensprung zum Schwarzen Loch

Reshad Feild
Schritte in die Freiheit *Die Alchemie des Herzens*
(rororo transformation 8503)
Das atmende Leben *Wege zum Bewußtsein*
(rororo transformation 8769)
Leben um zu heilen
(rororo transformation 8509)
Ein esoterisches 24-Tage-Übungsprogramm, das jedem die Möglichkeit gibt, Heilung und Selbstentfaltung zu erfahren.

Robert Anton Wilson
Der neue Prometheus *Die Evolution unserer Intelligenz*
(rororo transformation 8350)
«Robert A. Wilson ist einer der scharfsinnigsten und bedeutendsten Wissenschaftsphilosophen dieses Jahrhunderts.»
Timothy Leary

Joachim-Ernst Berendt
Nada Brahma *Die Welt ist Klang*
(rororo transformation 7949)
Das Dritte Ohr *Vom Hören der Welt*
(rororo transformation 8414)
«Wenn wir nicht wieder lernen zu hören, haben wir dem alles zerstörenden mechanistischen und rationalistischen Denken gegenüber keine Chance mehr.»
Westdeutscher Rundfunk

rororo sachbuch

Das gesamte Programm der Taschenbuchreihe «transformation» finden Sie in der Rowohlt Revue. Jedes Vierteljahr neu. Kostenlos in Ihrer Buchhandlung.

3415/1a

Jeanne Achterberg
Gedanken heilen *Die Kraft der Imagination. Grundlagen einer neuen Medizin*
(rororo sachbuch 8548)

Bärbel und Walter Bongartz
Hypnose *Wie sie wirkt und wem sie hilft*
(rororo sachbuch 9133)
Hypnose ist ein jahrtausendealtes Phänomen, dessen wissenschaftlicher Erforschung sich Medizin und Psychologie in jüngster Zeit widmen. Was die Hypnose als Therapieform leisten kann, wie sie wirkt und wem sie hilft und bei welchen Beschwerden und Krankheiten ihr Einsatz sinnvoll ist, skizziert dieses Buch.

Frauke Teegen
Die Begegnung mit dem Schatten *Erkundungen in den Tiefenschichten des Bewußtseins*
(rororo sachbuch 8533)
Ganzheitliche Gesundheit *Der sanfte Umgang mit uns selbst*
(rororo sachbuch 8308)

Lutz Schwäbisch /
Martin Siems
Selbstentfaltung durch Meditation *Eine praktische Anleitung*
(rororo sachbuch 8321)

John Selby
Atmen und leben *Ganzheitliche Gesundheit durch Atemintegration*
(rororo sachbuch 8320)

Ulrich Sollmann
Bioenergetik in der Praxis *Streßbewältigung und Regeneration*
(rororo sachbuch 8484)

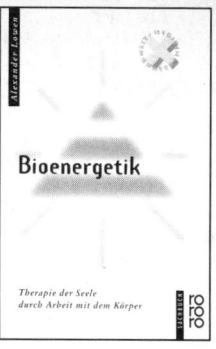

Alexander Lowen
Bioenergetik *Therapie der Seele durch Arbeit mit dem Körper*
(rororo sachbuch 8435)
Alexander Lowen geht davon aus, daß alle körperlichen und seelischen Vorgänge nur verschiedene Ausdrucksformen eines einzigen, einheitlichen Lebensprozesses sind. Sobald sich der Mensch seines Körpers wirklich bewußt wird, mit ihm «arbeitet», ihn «erlebt», gewinnt er ein völlig neues Verhältnis zu sich selbst und wird auch Angstzustände und Stress-Situationen überwinden.
Bioenergetik als Körpertherapie *Der Verrat am Körper und wie er wiedergutzumachen ist*
(rororo sachbuch 9149)

Ein Gesamtverzeichnis aller lieferbaren Titel der Reihe *rororo medizin und gesundheit* finden Sie in der *Rowohlt Revue.* Jedes Vierteljahr neu. Kostenlos in Ihrer Buchhandlung.

Kuan Hin
Chinesische Massage und Akupressur *Eine Anleitung zur Selbsthilfe*
(rororo sachbuch 9346)
Massage und Akupressur sind zwei Gebiete der traditionellen chinesischen Medizin, die sich ideal für eine Anleitung zur Selbsthilfe eignen, da sie lediglich rudimentäres Grundwissen voraussetzen und sich ohne jegliche Hilfsmittel anwenden lassen. Die besonders sanften Methoden eigenen sich sowohl zur Vorbeugung und Gesunderhaltung von Körper und Geist als auch zur Linderung und Heilung von akuten Beschwerden, deren Eigenbehandlung ausführlich angeleitet wird.

Shitsuto Masunaga /
Wataru Ohashi
Shiatsu *Theorie und Praxis der japanischen Heilmassage*
(rororo sachbuch 8416)

Connie Peck
Schmerz laß nach! *Selbsthilfe bei chronischen Schmerzen*
(rororo sachbuch 8584)
Connie Peck hat in ihrer langjährigen klinischen Praxis ein Selbsthilfeprogramm entwickelt, das Menschen, die unter chronischen Schmerzen leiden, in die Lage versetzt, ihre Situation spürbar zu verbessern und Schritt für Schritt wieder mehr Lebensqualität und –freude zu gewinnen.

Peter Kensok / Dietrich Ley
Hausmittel *Sanfte Arzneien – einfach und wirksam*
(rororo sachbuch 8811)

Mathias Dorcsi
Homöopathie heute *Ein praktisches Handbuch*
(rororo sachbuch 8562)
Dieses Handbuch ist Lesebuch und Nachschlagewerk zugleich und informiert umfassend über Geschichte, theoretische Grundlagen und praktische Anwendung der Homöopathie.

Ein Gesamtverzeichnis aller lieferbaren Titel der Reihe *rororo medizin und gesundheit* finden Sie in der *Rowohlt Revue*. Jedes Vierteljahr neu. Kostenlos in Ihrer Buchhandlung.